떡 제조 기술

한국 떡 연구회 외

떡제조기술

저자	한국 떡 연구회 박지양 · 조성용
발행인	장상원
초판 1쇄 발행	2008년 10월 20일
초판 3쇄 발행	2013년 1월 5일
발행처	(주)비앤씨월드 출판등록 1994. 1. 21. 제16-818호 **주소** 서울특별시 강남구 청담동 40-19 서원빌딩 3층 **전화** (02)547-5233 **팩스** (02)549-5235
ISBN	978-89-88274-53-8 93590

ⓒ B&C World, 2008 Printed in Korea
*이 책은 저자와 본사의 동의없이 무단전제와 무단복제를 할 수 없습니다.

http://www.bncworld.co.kr

머리말

   이 책은 떡을 좋아하고 떡 만들기를 천업(天業)이라 여기는 '떡장이'들의 작은 바람에서부터 출발했습니다. 그들은 누구나 맛있는 떡을 만들 수 있는 실용적인 책이 발행되기를 늘 바라왔고, 그 바람은 '한국떡 연구회'라는 모임을 통해 이 책으로 실현되었습니다.

   종전의 떡 기술에 대한 습득은 일대일 전수로 이루어져 문제점이 많았습니다. 좋은 스승을 만나기 힘들었고 스승마다 떡을 만드는 기술이 서로 달라 맛 또한 천차만별이었습니다.

   이 책은 만드는 품목 선정 및 제조과정에 대한 기본원리를 이해하고 관련 실무를 수행할 수 있도록 구성되었으며, 창업에 사용할 수 있는 교재로 개발하는 데 목적을 두었습니다.

   이제는 21세기의 세계화, 정보화 시대를 주도할 창의적인 상품인 '떡'이 우리 농산물의 소비 및 농촌문제 해결의 새로운 대안으로 대두될 것입니다. 따라서 폭넓은 경험을 통한 체계적이며 일반적인 떡 교육의 보급이 시급해 질 것입니다.

   우리는 이 책을 읽는 모든 분들에게 학문의 기초연구와 취업의 기회를 균등하게 제공하고 떡의 대중화 및 전문화가 이루어질 수 있기를 소망합니다. 여러분은 이 책을 통해 누구나 맛있고 상품가치가 있다고 공감하는 '우리 떡'을 생산하는 장인으로 거듭날 것입니다.

   끝으로 이 책이 완성되도록 지원해 주신 공주대학교 식품공학과 류기형 교수님과 대두식품 조성용 사장님, 비앤씨월드출판사 장상원 사장님 그리고 동신대학 식품영양학과 노희경 교수님께 감사드립니다. 또한 어려운 여건에서도 한국 떡의 발전을 위해 자료를 개발하고 정리하여 책을 탄생시킨 한국떡 연구회 '떡장이' 김홍섭, 오경석, 정성근 회원 여러분께 충심으로 고마운 말씀을 전합니다.

한국떡 연구회 회장 박 지 양

Contents

I 떡 기술의 기초 이론

1장 * 떡 제조 과정

1 기본적인 떡 제조 단계	08
2 쌀가루	09
3 떡을 찌는 방법	11
4 제조 방법에 따른 떡의 종류 및 물 조절량	12
5 떡 제조 과정	14

2장 * 떡의 재료 제조법

1 떡 재료의 분류	21
2 가루 제조법	22
3 고물, 소 제조법	24
4 고명 제조법	26
5 기타 부재료 전처리 공정	27

3장 * 떡 설비 및 레이아웃

1 떡 설비의 명칭과 용도	30
2 떡 기구 명칭	34
3 떡 설비 레이아웃	36

II 떡 기술의 응용

1장 * 떡 제조법

〈습식형 제조 공정〉 40
〈건식형 제조 공정〉 41

찌는 떡
백설기 42
콩설기 44
쑥설기 46
모듬설기 48
무지개떡 50
멥시루떡 52
찰멥시루떡 54
찰시루떡 55
동부편 56
녹두편 58
콩편 60
증편 62
약식 64
모듬찰떡 66
쇠머리떡 68
구름떡 70

치는 떡
가래떡 72
떡볶이떡 74
절편 76
꿀떡 78
바람떡 80
인절미 82
찹쌀떡 84

빚는 떡
오색송편 86
왕송편 88
쑥개떡 90

삶는 떡
찹쌀경단 92
수수팥단지 94

지지는 떡
화전 96
찹쌀부꾸미 98
개성주악 100

응용떡
막걸리설기 102
떡 케이크 104
떡버거, 떡샌드위치, 김말이떡 106
피자떡 110
두텁떡 112
깨찰편 114
컬러 약식 116
튀김떡 118
꼬치떡 120

건강떡
동충하초설기 122
양지컵떡 124
영양가래떡 126
흑미호박떡 128

2장 * 부록

떡과 재료를 보관하는 방법 128
부재료 중량별 환산표 130
떡 재료 및 떡 영양표 132
실험 이력카드 134
용도별 떡 재료 길잡이 136
앙금으로 만드는 소 제조법 143

I 기초이론
떡 기술의

1장 떡 제조 과정
- 기본적인 떡 제조 단계
- 쌀가루 제조
- 떡을 찌는 방법
- 제조 방법에 따른 떡 종류 및 물 조절량
- 떡 제조 과정

2장 떡의 재료 제조법
- 떡 재료의 분류
- 가루 제조법
- 고물, 소 제조법
- 고명 제조법
- 기타 부재료 전처리 공정

3장 떡 설비 및 레이아웃
- 떡 설비 명칭과 용도
- 떡 기구 명칭
- 떡 설비 레이아웃

제1장 떡 제조 과정

1. 기본적인 떡 제조 단계

```
쌀 씻기
멥쌀 또는 찹쌀을 용기에 넣고 물로 깨끗이
3~4회 씻는 작업
        ▼
쌀 불리기
씻은 쌀에 물을 붓고 8~12시간 수침하는
작업
        ▼
1차 쌀가루 분쇄
불린 쌀을 체(소쿠리)에 건져 물을 뺀 다음
쌀 롤러 밀에 넣어 분쇄하는 작업
        ▼
물주기
분쇄한 쌀가루에 물을 주어 쌀가루가 잘
쪄지게 하는 작업
        ▼
반죽하기
수분이 골고루 쌀가루에 흡수되도록
손이나 기계로 섞거나 치대는 작업
        ▶
2차 쌀가루 분쇄
물을 준 쌀가루를 수분이 잘 흡수 되도록
다시 쌀 롤러 밀에 넣어서 분쇄하는 작업
        ▼
부재료 첨가
쌀가루에 여러 가지 부재료(콩, 밤, 대추)
를 넣고 섞는 작업
        ▼
찌기
쌀가루를 시루에 넣고 증기로 찌는 작업
(스팀 가열 온도 100°C)
        ▼
포장하기
떡이 마르지 않고 보온이 유지 될 수
있도록 비닐로 싸는 작업
```

※ 최근 시중에서 판매되고 있는 떡 제조용 습식 쌀가루를 이용해 떡을 만들면 쌀 씻기, 쌀 불리기, 1차 쌀가루 분쇄 까지의 공정이 생략되어 시간이 절약 될 뿐 아니라 일도 수월하게 할 수 있다.

2. 쌀가루

(1) 생쌀 이용

1) 쌀 세척 및 침지

멥쌀이나 찹쌀을 깨끗이 씻어서 이물질을 제거한 다음 물(약 20°C)에 불린다. 불린 쌀은 체나 소쿠리에 건져 물기를 빼서 소금을 넣고 가루로 빻는다. 일반적으로 멥쌀이나 찹쌀을 깨끗이 씻어서 4시간 이상 불리면 수분 함유율이 30%~45% 정도 된다. 물에 불리고 난 후의 중량은 멥쌀인 경우 1kg일때 1.20~1.25 kg, 찹쌀인 경우는 1kg일 때 1.35~1.40 kg로 늘어난다.

2) 쌀가루 분쇄

쌀을 분쇄할때 넣는 소금의 양은 불린 쌀 1kg를 기준으로 10~15g이 적당하며, 물은 150~200g을 넣으면 된다. 멥쌀로 조금 차지게 떡을 하려면 물에 불린 쌀 1kg일 때 기준량보다 20~40g의 물을 더 주고 가루로 만든다. 손으로 쥐어 뭉쳐지는 정도면 적당하다. 찹쌀가루를 만들 때는 멥쌀보다 더 적게 주고, 쌀 롤러 밀로 2차 분쇄해서 물이 골고루 흡수되게 한다. 방앗간에서 쌀가루를 빻을 때 이 기준에 따라 소금과 물을 주어 분쇄하면 다시 물주기를 할 필요가 없다.

쌀롤러 밀 (쌀가루분쇄)

핸들 조작하는 모습

① 굵은 가루로 내릴 때

1차 분쇄하기 전 롤러 밀 핸들을 11시 방향으로 움직여 쌀가루를 내리고, 2차 분쇄 시 물을 섞어 11시 또는 12시 방향으로 움직여서 분쇄한다.

② 고운 가루로 내릴 때

1차 분쇄 할 때 롤러 밀 핸들을 12시 방향으로 조인 상태로 분쇄 하고, 2차 분쇄 시 롤러핸들을 11~12시 방향으로 움직여서 분쇄한다. 쌀가루의 표면적을 넓게 해주면 증기가 잘 올라 올 수 있기 때문이다.

(2) 떡용 습식 쌀가루 이용

1) 쌀가루 제분방식 비교

전통 떡의 재료로 쓰는 쌀가루 제분과정은 밀가루 등 기타 곡물을 제분하는 방식과 상당한 차이가 있다. 전통적인 방식대로 세척과 침지과정을 거치지 않고 밀가루를 제분 할 때와 같이 건식으로 제분하면 설기떡과 같은 떡이 만들어지지 않는다.

습식 쌀가루 제분방법	건식 쌀가루 제분 방법	일본의 쌀가루 제분방법
세척 ▼ 침지 ▼ 분쇄 (롤러 밀) ▼ 건조	분쇄 (롤러 밀)	세척 ▼ ▼ ▼ 분쇄 (롤러 밀)
전통 제분방식을 그대로 따르고 있어 우리나라 전통 떡 제조가 가능하다. 건조과정은 보관과 유통을 편리하게 하는 수단으로, 수분 함유량 외에는 건조 이전의 쌀가루와 차이가 없다.	전통적인 떡 제조 과정인 세척 및 침지과정이 없어 떡이 만들어지지 않는다.	일본식의 떡은 만들 수 있으나 떡의 질감에 있어 우리나라의 떡과 상당한 차이가 난다. 설기떡은 만들어지지 않는다.

2) 쌀가루 이용 시의 장점

떡 제조 시 쌀가루를 이용하면 쌀을 세척하고 침지하는 공정, 제분 공정이 생략된다. 이로 인해 떡을 만드는 데 필요한 제조 공간 뿐 아니라 시간과 인력을 절감할 수 있다. 이는 제조 원가의 절감으로 이어져 보다 완성도 높은 떡을 만드는데 더 많은 노력을 기울일 수 있게 된다.

3) 습식 쌀가루의 효과적인 이용방법

습식쌀가루는 건조과정을 거치기 때문에 시간을 두고 물을 골고루 침투시키면 떡의 품질이 더욱 좋아진다. 따라서 시루에 안치는 작업을 판매 전일에 미리 해 놓으면 보다 쉽고 빠르게 떡을 만들 수 있다. 급히 떡을 만들어야 할 경우에는 쌀가루에 물을 넣고 롤러 밀이나 혼합기를 사용하면 된다.

3. 떡을 찌는 방법

사각시루 또는 원형시루에 쌀가루를 넣어 증기로 찌는 방법이 가장 기본적이다. 시루에 증기가 일정하게 쌀가루 사이로 올라온 상태에서 보자기로 덮어야 떡이 잘 익는다.

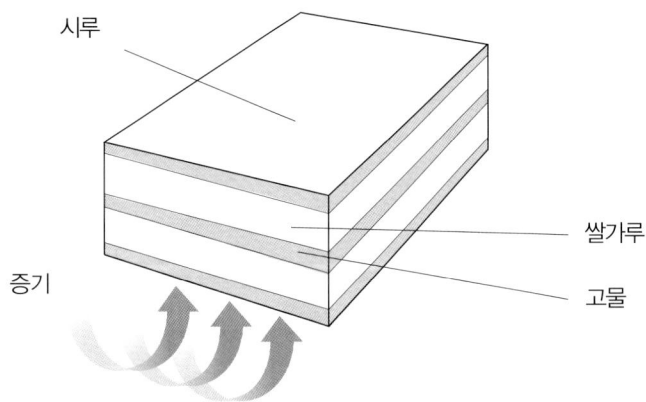

시중에서 판매하는 스테인리스나 플라스틱으로 만들어진 시루는 가볍고 깨질 염려는 없으나 다음과 같은 사항을 고려해야 한다.

① 켜떡의 경우 켜의 두께가 고르도록 쌀가루의 분량을 잘 분배하여 평평하게 퍼서 켜켜로 안친다. 또한 증기가 골고루 올라가려면 압력이 일정해야 하므로 덮개 또는 면보자기로 시루 위를 덮어 떡을 쪄야 한다. 증기의 압력이 강하면 멥쌀가루에 금이 갈 수 있고 찹쌀가루가 익지 않을 수 있으므로 주의한다.

② 멥쌀떡은 여러 켜를 안쳐서 쪄도 잘 익지만 찰떡은 증기가 쌀가루 사이로 잘 오르지 못해 중간이 익지 않게 될 수도 있다. 따라서 시루에 쌀가루를 얇게 찌거나 한 켜씩 번갈아 안쳐서 찌면 좋다. 찰떡을 만드는 찹쌀가루에 물을 줄 때의 분쇄 방법은 경우에 따라 다르게 할 수 있다.

③ 시루에 쌀가루를 넣고 찔 때 먼저 수증기 관 안에 있는 밸브를 열고, 남은 물을 뺀 상태에서 증기를 올려야 한다. 물을 빼지 않으면 물이 끓었을 때 시루에 물이 튀어서 질어질 수 있다. 증기가 올라오면 덮개 또는 면보자기로 시루를 덮고 그 위에 뚜껑을 덮어야 물이 떡으로 떨어지지 않는다. 증기가 오른 후에 시루를 덮어야 면보자기에 쌀가루가 묻는 것을 방지할 수 있다. 증기가 골고루 오르고 20분~30분 후면 떡이 쪄진다. 미리 준비한 떡판에 비닐을 깔고 떡을 쏟아 낸 다음 절단하여 용기에 담는다. 찌는 시간은 쌀가루의 양에 비례하기 때문에 약간의 시간 차이가 날 수 있으니 주의한다.

4. 제조 방법에 따른 떡의 종류 및 물 조절량

(1) 제조 방법에 따른 떡의 종류

1) 찌는 떡

찌는 떡은 가장 기본적인 떡으로 설기, 증편, 켜떡 등이 여기에 속한다. 주재료인 불린 쌀을 1차 분쇄하여 물을 섞어 다시 2차 분쇄 한 후 떡의 종류에 따라 고물을 넣거나 부재료를 넣어 시루에 찌는 방법이 주로 쓰인다.

멥쌀떡 종류

백설기, 무지개떡(색떡), 모듬 설기(잡과병), 붉은팥 시루떡, 콩시루떡, 무우시루떡, 물호박떡, 각색편, 증편 등

찹쌀떡 종류

찰떡, 두텁떡, 콩찰편, 녹두찰편, 약식 등

2) 치는 떡

치는 떡은 증기로 찐 쌀가루를 절구나 펀칭기를 이용해 친 다음 성형해서 만드는 떡이다. 성형을 한 떡을 기름칠 하거나 고물에 묻혀서 먹기도 한다. 과거에는 쌀을 분쇄하지 않고 수침한 쌀 낟알을 바로 찐 다음 절구에 치기도 했다. 대표적인 치는 떡은 인절미와 절편이다.

멥쌀떡 종류

가래떡, 떡볶이, 절편류, 차륜병, 골무떡, 바람떡, 꿀떡 등

찹쌀떡 종류

인절미, 단자(밤단자, 쑥단자, 석이단자), 각색단자(은행단자, 대추단자) 등

3) 빚는 떡

빚는 떡은 불린 멥쌀(또는 감자전분)을 1차 분쇄하여 물을 섞고 다시 2차 분쇄 한 후, 반죽하여 손이나 기계로 모양있게 빚은 다음 증기로 찐 떡이다. 빚는 떡의 대부분은 쪄낸 후 수분 증발을 막기 위해 기름칠을 한다. 대표적인 빚는 떡은 송편, 쑥개떡, 감자송편이다.

멥쌀(또는 감자전분)떡 종류

송편류(일반송편, 쑥송편, 꽃송편, 왕송편, 쑥개떡, 감자송편 등)

4) 삶는 떡

삶는 떡은 찹쌀을 익반죽하여 빚거나 주악이나 약과 모양으로 만들어 끓는 물에 삶아 건져서 고물을 묻힌 떡이다. 삶을 때 소금을 약간 첨가하면 조리시간을 단축할 수 있을 뿐만 아니라 점성과 탄성이 좋아진다. 대표적인 떡으로 찹쌀경단, 수수경단 등이 있으며 찹쌀과 수수가 주재료로 많이 쓰인다.

찹쌀 및 수수떡 종류

각색경단, 수수경단, 오메기떡, 두텁경단 등

5) 지지는 떡

지지는 떡은 찹쌀가루를 익반죽한 다음 모양을 만들어 기름에 지지는 떡으로 대표적 떡은 화전과 주악이 있다.

화전은 반죽을 납작하게 빚어서 프라이팬에 기름을 두르고 지지는 떡으로 계절에 따라 다양한 종류의 꽃잎(식용꽃)을 얹어서 만드는 떡이다. 봄에는 진달래꽃, 배꽃, 여름에는 허브꽃, 장미꽃, 맨드라미, 가을에는 국화꽃 등을 붙여서 만든다. 꽃이 없을 때는 쑥갓, 미나리 잎, 쑥잎, 석이버섯, 대추, 잣 등으로 꽃 모양을 만들어 사용하기도 한다.

주악은 찹쌀가루 반죽에 대추, 깨, 유자 등을 넣고 둥글게 빚어 기름에 튀기는 떡으로 개성주악이 유명하다.

찹쌀떡 종류

화전(진달래 화전, 맨드라미 화전, 국화 화전, 장미 화전), 수수부꾸미, 주악, 전병 등

(2) 떡의 종류별 반죽량

떡 종류	불린 쌀가루 1Kg일 때 물 반죽의 양
찌는 떡 (멥쌀/찹쌀)	120~160g / 40~80g
치는 떡 (멥쌀/찹쌀/바람떡 꿀떡)	200~240g / 100~140g / 300~400g
빚는 떡 (멥쌀)	300g~400g
삶는 떡 (찹쌀)	160~200g
지지는 떡 (찹쌀)	160~200g

○ 계절 및 온도에 따라 물의 양의 차이는 있을 수 있다.

5. 떡 제조과정

(1) 멥쌀 떡 제조 과정
1) 찌는 떡

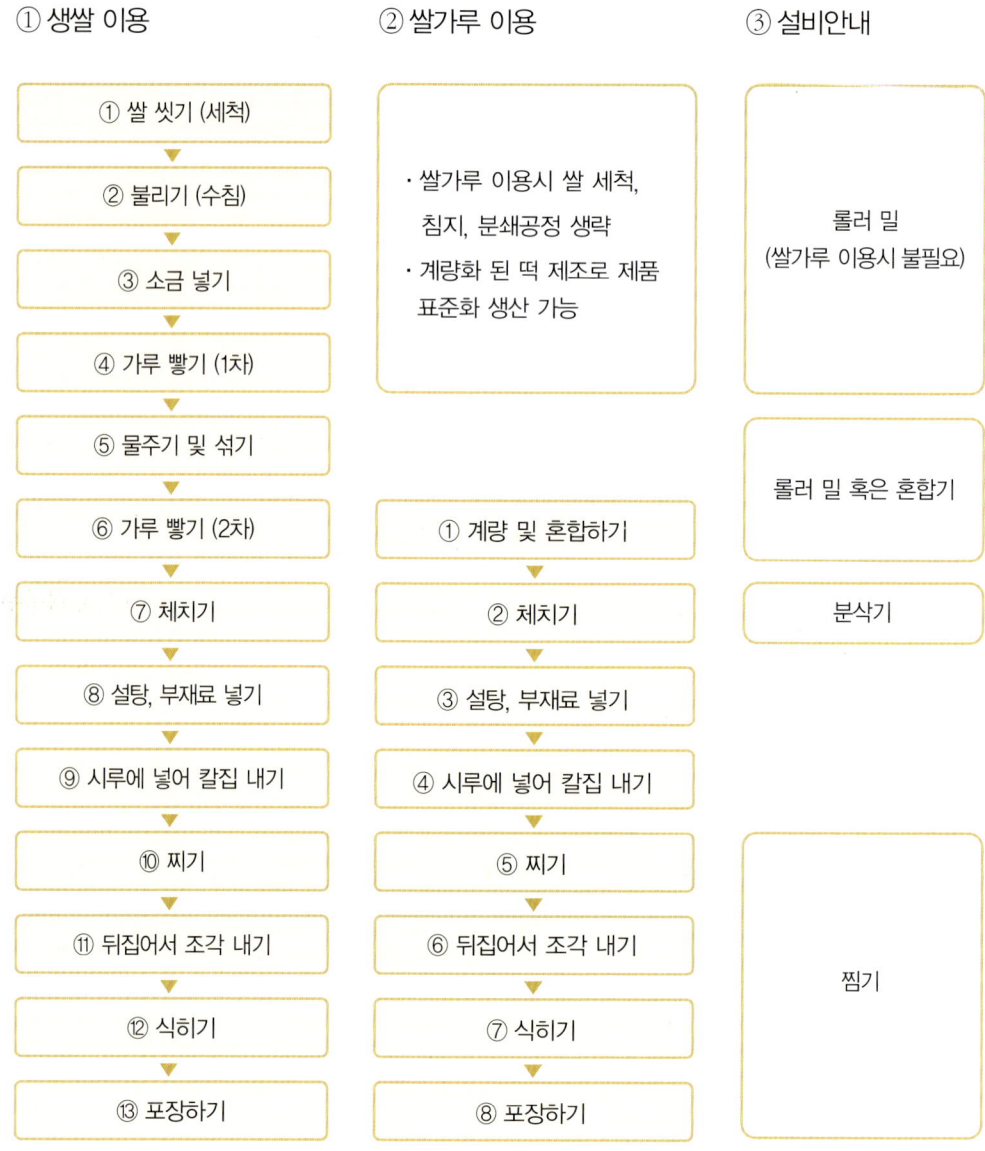

① 생쌀 이용

- ① 쌀 씻기 (세척)
- ② 불리기 (수침)
- ③ 소금 넣기
- ④ 가루 빻기 (1차)
- ⑤ 물주기 및 섞기
- ⑥ 가루 빻기 (2차)
- ⑦ 체치기
- ⑧ 설탕, 부재료 넣기
- ⑨ 시루에 넣어 칼집 내기
- ⑩ 찌기
- ⑪ 뒤집어서 조각 내기
- ⑫ 식히기
- ⑬ 포장하기

② 쌀가루 이용

- 쌀가루 이용시 쌀 세척, 침지, 분쇄공정 생략
- 계량화 된 떡 제조로 제품 표준화 생산 가능

- ① 계량 및 혼합하기
- ② 체치기
- ③ 설탕, 부재료 넣기
- ④ 시루에 넣어 칼집 내기
- ⑤ 찌기
- ⑥ 뒤집어서 조각 내기
- ⑦ 식히기
- ⑧ 포장하기

③ 설비안내

- 롤러 밀 (쌀가루 이용시 불필요)
- 롤러 밀 혹은 혼합기
- 분쇄기
- 찜기

2) 치는 떡

① 생쌀 이용

① 쌀 씻기 (세척)
↓
② 불리기 (수침)
↓
③ 소금 넣기
↓
④ 가루 빻기 (1차)
↓
⑤ 물주기 및 섞기
↓
⑥ 가루 빻기 (2차)
↓
⑦ 시루에 넣기
↓
⑧ 찌기
↓
⑨ 펀칭하기
↓
⑩ 성형기에 넣어 모양 만들기
↓
⑪ 포장하기

② 쌀가루 이용

- 쌀가루 이용시 쌀 세척, 침지, 분쇄공정 생략
- 계량화 된 떡 제조로 제품 표준화 생산 가능

① 계량 및 혼합하기
↓
② 시루에 넣기
↓
③ 찌기
↓
④ 펀칭하기
↓
⑤ 성형기에 넣어 모양 만들기
↓
⑥ 포장하기

③ 설비안내

롤러 밀
(쌀가루 이용시 불필요)

롤러 밀 혹은 혼합기

찜기
(스팀펀칭기 사용시 공정간소화 가능)

떡 성형기

3) 빚는 떡

① 생쌀 이용

- ① 쌀 씻기 (세척)
- ② 불리기 (수침)
- ③ 소금 넣기
- ④ 가루 빻기 (1차)
- ⑤ 물주기 및 섞기
- ⑥ 가루 빻기 (2차)
- ⑦ 익반죽으로 펀칭하기
- ⑧ 성형기에 넣어 모양 만들기
- ⑨ 시루에 넣기
- ⑩ 찌기
- ⑪ 식히기
- ⑫ 기름칠 하기
- ⑬ 포장하기

② 쌀가루 이용

- 쌀가루 이용시 쌀 세척, 침지, 분쇄공정 생략
- 계량화 된 떡 제조로 제품 표준화 생산 가능

- ① 계량 및 혼합하기
- ② 익반죽으로 펀칭하기
- ③ 성형기에 넣어 모양 만들기
- ④ 시루에 넣기
- ⑤ 찌기
- ⑥ 식히기
- ⑦ 기름칠하기
- ⑧ 포장하기

③ 설비안내

- 롤러 밀 (쌀가루 이용시 불필요)
- 롤러 밀 혹은 혼합기
- 펀칭기
- 떡 성형기
- 찜기

(2) 찹쌀 떡 제조 과정

1) 찌는 떡

① 생쌀 이용	② 쌀가루 이용	③ 설비안내
① 쌀 씻기 (세척) ▼ ② 불리기 (수침) ▼ ③ 소금 넣기 ▼ ④ 가루 빻기 (1차) ▼ ⑤ 물주기 및 섞기 ▼ ⑥ 가루 빻기 (2차) ▼ ⑦ 설탕, 부재료 넣기 ▼ ⑧ 시루에 넣기 ▼ ⑨ 찌기 ▼ ⑩ 뒤집어서 식히기 ▼ ⑪ 자르기 ▼ ⑫ 포장하기	· 쌀가루 이용시 쌀 세척, 침지, 분쇄공정 생략 · 계량화 된 떡 제조로 제품 표준화 생산 가능 ① 계량 및 혼합하기 ▼ ② 설탕, 부재료 넣기 ▼ ③ 시루에 넣기 ▼ ④ 찌기 ▼ ⑤ 뒤집어서 식히기 ▼ ⑥ 자르기 ▼ ⑦ 포장하기	롤러 밀 (쌀가루 이용시 불필요) 롤러 밀 혹은 혼합기 찜기

2) 치는 떡

① 생쌀 이용

① 쌀 씻기 (세척)
↓
② 불리기 (수침)
↓
③ 소금 넣기
↓
④ 가루 빻기 (1차)
↓
⑤ 물주기 및 섞기
↓
⑥ 가루 빻기 (2차)
↓
⑦ 시루에 넣기
↓
⑧ 찌기
↓
⑨ 펀칭하기
↓
⑩ 쟁반에 담아 식히기
↓
⑪ 모양 만들기(절단)
↓
⑫ 고물 묻히기
↓
⑬ 포장하기

② 쌀가루 이용

· 쌀가루 이용시 쌀 세척, 침지, 분쇄공정 생략
· 계량화 된 떡 제조로 제품 표준화 생산 가능

① 계량 및 혼합하기
↓
② 찌기
↓
③ 펀칭하기
↓
④ 쟁반에 담아 식히기
↓
⑤ 모양 만들기(절단)
↓
⑥ 고물 묻히기
↓
⑦ 포장하기

③ 설비안내

롤러 밀
(쌀가루 이용시 불필요)

롤러 밀 혹은 혼합기

찜기

3) 삶는 떡

① 생쌀 이용

```
① 쌀 씻기 (세척)
     ▼
② 불리기 (수침)
     ▼
③ 소금 넣기
     ▼
④ 가루 빻기 (1차)
     ▼
⑤ 물주기 및 섞기
     ▼
⑥ 가루 빻기 (2차)
     ▼
⑦*익반죽으로 펀칭하기
     ▼
⑧ 성형기에 넣어 둥글게 빚기
     ▼
⑨ 삶기
     ▼
⑩ 고물 묻히기
     ▼
⑪ 식히기
     ▼
⑫ 포장하기
```

② 쌀가루 이용

- 쌀가루 이용시 쌀 세척, 침지, 분쇄공정 생략
- 계량화 된 떡 제조로 제품 표준화 생산 가능

```
① 계량 및 혼합하기
     ▼
② 익반죽으로 펀칭하기
     ▼
③ 성형기에 넣어 둥글게 빚기
     ▼
④ 삶기
     ▼
⑤ 고물 묻히기
     ▼
⑥ 식히기
     ▼
⑦ 포장하기
```

③ 설비안내

롤러 밀
(쌀가루 이용시 불필요)

롤러 밀 혹은 혼합기

펀칭기

떡 성형기

✱ 익반죽 하는 방법

① 펀칭기 이용 : 소금, 물을 혼합한 쌀가루를 시루에 안쳐 시루위 김이 약간 오를때 까지 찐 후 사용.
② 빵 반죽기 이용 : 쌀가루에 물 사용량의 1/3을 65~75℃로 가열하여 쌀가루에 넣고 혼합한 후 나머지 2/3의 물에 소금을 녹여 반죽에 넣고 탄력이 생길 때까지 반죽한다.

4) 지지는 떡

① 생쌀 이용

① 쌀 씻기 (세척)
▼
② 불리기 (수침)
▼
③ 소금 넣기
▼
④ 가루 빻기 (1차)
▼
⑤ 물주기 및 섞기
▼
⑥ 가루 빻기 (2차)
▼
⑦ 익반죽으로 펀칭하기
▼
⑧ 성형기에 넣어 둥글납작하게 빚기
▼
⑨ 지지기
▼
⑩ 장식하기
▼
⑪ 식히기
▼
⑫ 포장하기

② 쌀가루 이용

- 쌀가루 이용시 쌀 세척, 침지, 분쇄공정 생략
- 계량화 된 떡 제조로 제품 표준화 생산 가능

① 계량 및 혼합하기
▼
② 익반죽으로 펀칭하기
▼
③ 성형기에 넣어 둥글납작하게 빚기
▼
④ 지지기
▼
⑤ 장식하기
▼
⑥ 식히기
▼
⑦ 포장하기

③ 설비안내

롤러 밀
(쌀가루 이용시 불필요)

롤러 밀 혹은 혼합기

펀칭기

떡 성형기

제2장 떡의 재료 제조법

1. 떡 재료의 분류

떡을 만드는 재료는 주재료, 부재료(혼합용, 겉고물용, 속고물용), 감미료, 착색료, 향료, 가소제, 윤활제로 분류할 수 있다.

먼저 떡의 주재료로는 찹쌀, 멥쌀 등이 있다. 부재료는 혼합용 재료인 콩, 대추, 밤, 호두, 은행 등이 있고, 겉고물용 재료인 콩고물, 동부고물, 녹두고물 등이 있으며, 속고물용으로는 앙금류, 볶은 참깨, 설탕 등이 있다. 그리고 감미료에는 설탕, 물엿, 꿀, 조청, 소금 등이 포함되며, 색을 내는 착색료로는 치자, 호박가루, 쑥가루, 백년초 등이 있다. 향료에는 계피, 유자, 검정깨 등이 해당되고, 이 밖에 가소제, 윤활제 역할을 하는 물, 기름, 유화제 등이 있다.

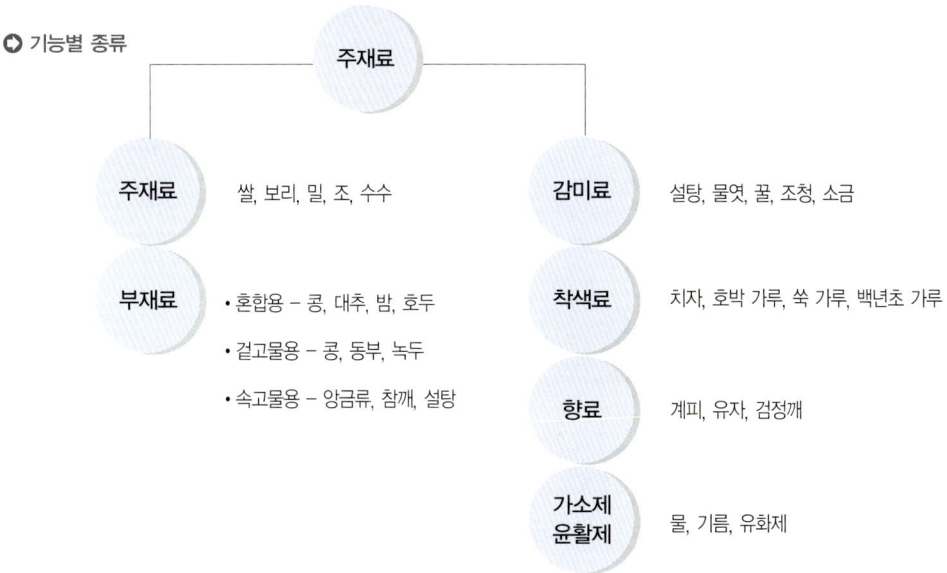

○ 기능별 종류

2. 가루 제조법

(1) 콩가루

콩의 이물질을 골라내 재빨리 씻어 체 또는 소쿠리에 건져 물기를 뺀다. 물기를 뺀 콩은 볶음솥에 볶아 롤러 밀에 굵게 간 다음 키로 까불러서 껍질을 없앤다. 콩분쇄기에 설탕과 소금을 넣고 분쇄한 후 봉지에 담아 사용한다. 콩가루는 인절미, 경단, 다식용으로 이용된다. 콩의 종류에 따라 여러 가지 색깔의 콩가루를 만들 수 있다.

제조공정

콩 고르기 ▶ 콩 세척 ▶ 건지기 ▶ 볶기 ▶ 껍질 분리 ▶ 소금, 설탕 넣기 ▶ 체분쇄기 작업 ▶ 담기

(2) 밤가루

밤을 속껍질까지 벗겨서 종이처럼 얇게 썰어 볕에 널어 바싹 말렸다가 롤러 밀에 분쇄한다. 가는 체나 체분쇄기로 한번 더 분쇄한 후 봉지에 넣고 사용한다.

제조공정

밤 세척 ▶ 건지기 ▶ 껍질 벗기기 ▶ 얇게 썰기 ▶ 말리기 ▶ 체분쇄기 작업 ▶ 담기

(3) 감가루

감을 물에 담가 떫은 맛을 없애고 껍질을 벗겨 종잇장처럼 얇게 저민다. 그늘에서 바람에 바싹 말렸다가 롤러 밀에 분쇄한 다음 가는 체나 체분쇄기로 분쇄해서 봉지에 넣고 사용한다.

제조공정

세척 ▶ 물에 담그기 ▶ 건지기 ▶ 얇게 썰기 ▶ 말리기 ▶ 체분쇄기 작업 ▶ 담기

(4) 차수수가루

차수수를 잘 닦아 깨끗하게 씻고 일어서 떫은맛이 없어질 때까지 2~3일 동안 미지근한 물에 담아 물을 여러 번 갈아준다. 이를 건져 새 물을 부어 롤러 밀에 곱게 분쇄한 후 가라앉힌 다

음 웃물은 따라내고 가라앉은 앙금만 베보자기에 얇게 펴서 볕에 놓아 바싹 말려 두고 쓴다. 또는 물을 여러 번 갈아주어 떫은 맛을 없앤 후 체 또는 소쿠리에 건져 소금을 조금 넣어 빻아 가루로 만든 다음 체에 쳐서 수수경단이나 수수부꾸미를 만들 때 사용한다.

제조공정

차수수 세척 ▶ 물에 담그기 ▶ 건지기 ▶ 분쇄 ▶ 앙금 만들기 ▶ 건조하기 ▶ 소금 넣기 ▶ 체분쇄기 작업 ▶ 담기

(5) 승검초가루

한방에서 쓰이는 당귀잎을 씻어서 말려 롤러 밀에 분쇄한 다음 가는 체나 체분쇄기를 이용해 가루를 만든다. 승검초가루를 쌀가루에 섞어 승검초단자, 승검초편을 만들거나 콩가루, 송화 가루와 함께 꿀로 반죽하여 다식으로 만들기도 한다.

제조공정

당귀잎 세척 ▶ 건지기 ▶ 건조하기 ▶ 체분쇄기 작업 ▶ 담기

(6) 송화가루

초봄에 소나무에 노란 꽃이 피면 이를 따서 꽃가루를 큰 보자기에 털고 물을 부어 두면 송화 가루가 뜨는데 물을 여러 번 갈아주어 떫은 맛을 없애야 한다. 물을 갈 때에는 망으로 떠내거 나 그릇 밑에 묻게 하여 옮기며 이것을 말려서 다식 만들 때에 사용한다.

제조공정

물에 담그기 ▶ 물 갈아주기 ▶ 건지기 ▶ 건조하기 ▶ 체분쇄기 작업 ▶ 담기

(7) 도토리가루

가을에 나오는 도토리를 겉껍질을 벗기고 롤러 밀에 거칠게 분쇄한 후 물에 담근다. 매일 2~3회씩 일주일 동안 물을 갈아서 쓴맛을 우려낸다. 일주일 후 꺼내 속껍질을 벗기고 잘 씻 어 절구에 찧고, 다시 2~3일 동안 물을 자주 갈아주며 남은 독기를 뺀 다음 롤러 밀에 곱게 갈 아 고운체에 쳐서 물에 가라앉힌다. 웃물을 가만히 따라내고 단단히 굳은 앙금을 볕에 바싹 말렸다가 사용한다.

> **제조공정**

도토리껍질 벗기기 ▶ 세척 ▶ 수침 ▶ 물 갈아주기 ▶ 속껍질 벗기기 ▶ 절구에 찧기 ▶ 물 갈아주기 ▶ 건지기 ▶ 분쇄 ▶ 고운체 작업 ▶ 건조하기 ▶ 담기

3. 고물, 소 제조법

고물은 시루떡을 찔 때 켜켜로 안쳐 쓰거나 경단이나 단자에 묻히기도 하며 송편, 개피떡, 부꾸미 같은 떡의 소를 넣어 떡을 만들 때 사용하는 잡곡류를 말한다. 백설기처럼 고물을 넣지 않은 떡도 있지만 떡에 필요한 부재료다. 시루떡에 고물을 얹으면 맛을 내기도 하지만 쌀가루 사이에 층이 생겨 그 틈새로 증기가 올라오게 하여 떡이 잘 익도록 도와주는 역할을 하기 때문이다. 특히 찹쌀가루를 사용하여 찌는 떡은 켜를 얇게 하고 고물을 깔아야 잘 쪄진다.

(1) 붉은팥고물

붉은팥을 깨끗이 씻어 돌이나 이물질을 제거한다. 용기에 팥과 물을 부어 끓으면 그 물을 버리고, 다시 찬물을 부어 팥이 푹 무를 때까지 삶는다. 너무 푹 삶지 말아야 하며, 거의 익으면 물을 따라 내고 약한 불에 뜸을 들인 후 소금을 넣고 절구에 대강 찧어 팥고물을 만든 다음 붉은팥 시루떡을 할 때 사용한다. 또한 시루떡에 켜켜로 뿌리는 고물이므로 질지 않게 만들고, 고물로 쓸 때에는 다 쪄진 고물을 절구방망이로 반 정도 으깨어 사용한다.

> **제조공정**

붉은팥 세척 ▶ 건지기 ▶ 1차 삶기 ▶ 물 버리기 ▶ 2차 삶기 ▶ 건지기 ▶ 용기에 넣기 ▶ 소금 넣기 ▶ 절구에 찌기 ▶ 고물, 소로 사용

(2) *거피팥고물

팥을 반골 롤러 밀에 넣어서 반쪽을 낸 다음 미지근한 물에 담가 충분히 불린다. 불린 팥을 거친 그릇에 담고 문지르거나 손으로 비벼 씻어 껍질을 없앤 다음 물을 갈아준다. 조리로 돌을 없앤 뒤 체 또는 소쿠리에 건져 물기를 빼고 시루에 넣어 푹 익도록 쪄낸다. 쪄낸 팥에 소금 간을 하며, 떡고물로 할 경우 롤러 밀에 1차 분쇄하여 사용하고 인절미, 경단, 송편 소로 쓸 경우 체에 내려서 사용한다. 거피팥 고물은 각종 편, 단자, 송편의 소로 이용된다.

※ **거피팥고물** : 팥의 한 품종으로 껍질이 얇고 벗기기가 쉬워 고물로 애용된다.
※ **찌는시간** : 햇 팥20~30분, 묵은 팥30~40분

> **제조공정**

거피팥 반쪽 자르기 ▶ 불리기 ▶ 껍질 벗기기 ▶ 세척(여러 번) ▶ 건지기 ▶ 찌기 ▶ 용기에 넣기 ▶ 소금 넣기 ▶ 식히기 ▶ 롤러에 분쇄 ▶ 체 내리기 ▶ 설탕 넣기 ▶ 고물, 소로 사용

(3) 녹두고물

녹두를 반골롤러 밀에 넣어서 반쪽을 낸 다음 물에 담가 불린다. 충분히 불린 녹두를 그릇에 담고 손으로 비벼 껍질을 벗기고 물로 여러 번 헹군다.

이것을 조리로 일어 체 또는 소쿠리에 건져 물기를 뺀 뒤 시루에 푹 쪄 낸다. 쪄낸 녹두에 소금 간을 하며, 떡고물로 할 경우 롤러 밀에 1차분쇄하여 사용하고 인절미, 경단, 송편소로 쓸 경우 체에 내려서 사용한다. 녹두 고물은 각종 편, 단자, 송편의 소로 이용된다.

※ 여러 번 문질러 푸른 물이 완전히 빠지면 색이 곱고 깨끗하다.
※ **찌는시간**:햇 녹두20~30분, 묵은 녹두30~40분

> **제조공정**

녹두 반쪽 자르기 ▶ 불리기 ▶ 껍질 벗기기 ▶ 세척(여러 번) ▶ 건지기 ▶ 찌기 ▶ 용기에 넣기 ▶ 소금 넣기 ▶ 식히기 ▶ 롤러에 분쇄 ▶ 체 내리기 ▶ 설탕 넣기 ▶ 고물, 소로 사용

(4) 밤고물

밤을 깨끗이 씻어 물을 붓고 통째로 푹 삶는다. 삶은 밤은 찬물에 담갔다가 건져 겉껍질과 속껍질을 모두 벗겨 소금을 약간 넣고 롤러 밀에 1차 분쇄한 후 체에 내려 사용한다. 밤 고물은 단자, 경단, 송편의 소로 이용된다.

> **제조공정**

밤 세척 ▶ 삶기 ▶ 찬물 담그기 ▶ 껍질 벗기기 ▶ 용기에 넣기 ▶ 소금 넣기 ▶ 식히기 ▶ 롤러 밀에 분쇄 ▶ 체 내리기 ▶ 설탕 넣기 ▶ 고물, 소로 사용

(5) 콩고물

콩의 이물질을 골라내 재빨리 씻어 체 또는 소쿠리에 건진 다음 물기를 뺀다. 물기를 뺀 콩을

볶음솥에 볶아 롤러 밀에 굵게 간 다음 키로 까불러서 껍질을 없앤다. 소금을 넣어 콩분쇄기를 이용하여 콩고물을 만드는 방법과 콩을 반쪽으로 잘라 물에 불려서 찐 다음 롤러 밀에 거칠게 분쇄하는 방법이 있다. 떡에 사용할 때는 콩고물에 물, 설탕을 넣고 섞은 다음 고물로 사용한다.

제조공정1

콩 고르기 ▶ 콩 세척 ▶ 건지기 ▶ 볶기 ▶ 껍질 분리 ▶ 소금 넣기 ▶ 롤러 밀에 분쇄(거칠게 분쇄) ▶ 담기

제조공정2

콩 반쪽 자르기 ▶ 콩 세척 ▶ 불리기 ▶ 껍질 분리 ▶ 건지기 ▶ 찌기 ▶ 소금 넣기 ▶ 식히기 ▶ 롤러 밀에 분쇄(거칠게) ▶ 담기

(6) 참깨고물

깨를 이물질을 골라내고 잘 씻어서 물기를 빼고 볶음솥에 볶는다. 볶은 깨를 식혀서 껍질분리기에 넣어 분리한 후 사용하거나 소금을 넣어 롤러에 분쇄하여 사용한다. 참깨 고물은 깨강정, 산자, 편고물, 송편소, 주악의 소로 이용된다.

❋ 참깨 고물은 볶은 통깨로 보관하다가 사용할 때 롤러 밀에 분쇄하여 사용하면 편리하다. 깨를 볶을 때 볶는 온도가 중요하므로 자동 볶음솥을 이용하면 좋다. 검정깨 고물도 공정은 동일하며, 여름철용 시루떡고물 또는 수수경단고물로 쓰인다.

제조공정

참깨 세척 ▶ 건지기 ▶ 볶기 ▶ 껍질분리기 ▶ 소금 넣기 ▶ 롤러 밀에 분쇄 ▶ 담기

4. 고명 제조법

(1) 대추채

굵고 통통한 대추를 골라 깨끗이 씻고 돌려 깎기 하여 씨를 뺀다. 밀대로 얇게 밀이 곱게 채친다. 꽃 모양을 내려면 밀대로 밀어 둥글게 말아서 단면을 얇게 자르면 된다.

제조공정1

대추 세척 ▶ 씨 빼기 ▶ 밀대로 밀기 ▶ 채썰기 ▶ 담기

제조공정 2

대추 세척 ▶ 씨 빼기 ▶ 밀대로 밀기 ▶ 둥글게 말기 ▶ 단면 자르기 ▶ 담기

(2) 밤채

좋은 밤을 골라 겉껍질, 속껍질을 깨끗이 벗긴 다음 곱게 채 친다.

제조공정

밤 세척 ▶ 껍질 벗기기 ▶ 세척 ▶ 채썰기 ▶ 담기

(3) 석이채

석이버섯을 따뜻한 물에 담갔다가 손으로 비벼 속의 막을 완전히 벗긴 다음 깨끗한 물이 나올 때까지 씻는다. 배꼽을 떼고 물기를 짠 다음 곱게 채 썬다. 석이채는 각색편, 단자고명으로 이용된다.

제조공정

석이버섯 담그기 ▶ 세척 ▶ 배꼽 떼기 ▶ 채썰기 ▶ 담기

5. 기타 부재료 전처리 공정

(1) 검정콩

콩은 깨끗한 것으로 골라 씻어서 돌을 없앤 다음, 물에 담갔다가 불린다. 충분히 불린 콩을 소쿠리에 건져 냉동 보관하는 방법과 찜기에 찌거나 솥에 삶아 식혀서 냉동고에 보관하는 방법 그리고 삶을 때 당침하여 식혀서 냉동고에 보관하는 방법이 있다.

일반적으로 검정콩, 완두콩, 강낭콩, 울타리콩 등이 떡의 부재료로 쓰인다.

제조공정 1

콩 세척 ▶ 수침 ▶ 건지기 ▶ 담기 ▶ 냉동 보관하기

제조공정2
콩 세척 ▶ 수침 ▶ 건지기 ▶ 찌기 또는 삶기(당침) ▶ 식히기 ▶ 냉동 보관하기

(2) 단호박

단호박을 세척한 후 깎아 채칼을 사용하여 채를 만든 다음 냉동고에 보관하는 방법과 단호박을 세척한 후 4등분하여 찜기에 쪄서 식힌 후 용기에 넣어 냉동고에 보관하는 방법이 있다. 중량을 재어 냉동고에 보관하여 사용한다.

제조공정1
단호박 세척 ▶ 채썰기 ▶ 담기 ▶ 냉동 보관하기

제조공정2
단호박 세척 ▶ 등분하기 ▶ 찌기 ▶ 식히기 ▶ 담기 ▶ 냉동 보관하기

(3) 쑥

채취한 쑥을 깨끗이 씻는다. 물에 넣고(소다 첨가) 삶은 다음 소쿠리에 건져 물기를 없앤 후 비닐봉지에 중량을 재어 냉동고에 보관하는 방법과 세척 후 찜기에 넣고(소다 첨가) 찐 다음 중량을 재어 냉동고에 보관하는 방법이 있다.

✻ 쑥 채취는 음력 3월부터 5월 5일전에 하는 것이 좋다. 그 이후에는 쑥줄기가 질겨진다.

제조공정
쑥세척 ▶ 삶기 또는 찌기(소다첨가) ▶ 건지기 ▶ 담기(중량 재기) ▶ 냉동 보관하기

(4) 진달래꽃

진달래 나무에서 꽃을 채취하여 세척한 후 물기를 뺀 다음 비닐에 한 장 씩 쌓아서 냉동고에 보관하여 사용한다.

✻ 진달래의 꽃 수술은 독기가 있으므로 수술을 뺀 다음 사용 한다.

제조공정
진달래꽃 채취 ▶ 세척하기 ▶ 물기빼기 ▶ 비닐에 한 장씩 담기 ▶ 냉동 보관하기

(5) 치자

치자나무에서 열매를 채취하여 세척한 후 따뜻한 물에 담가 치자물이 완전히 빠지면 고운체로 받쳐 순수한 물만 추출해 냉장고에 보관하여 사용한다.

제조공정

치자 채취 ▶ 세척하기 ▶ 수침하기(따뜻한 물) ▶ 건지기(고운체) ▶ 물병에 담기 ▶ 냉장고에 보관하기

(6) 귤피

귤나무에서 열매를 채취하여 껍질을 깨끗이 세척한 후 방바닥이나 건조기에 말린다. 바짝 말린 귤피를 체분쇄기를 이용해 분쇄한 뒤 봉지에 넣어두고 사용한다.

제조공정

귤껍질 채취 ▶ 세척하기 ▶ 물기빼기 ▶ 건조하기 ▶ 체분쇄기 작업 ▶ 담기

(7) 유자청

유자나무에서 열매를 채취하여 세척한 후 8등분하여 유자 씨를 제거한다. 얇게 채로 썰어 설탕에 절인 후 냉장고에 보관하여 사용한다.

제조공정

유자 채취 ▶ 세척하기 ▶ 물기빼기 ▶ 자르기(8등분) ▶ 씨 제거 ▶ 채썰기 ▶ 설탕에 절이기 ▶ 담기 ▶ 냉장 보관하기

제3장 떡 설비 및 설계

1. 떡 설비의 명칭과 용도

(1) 쌀가루 제조 및 재료 혼합 설비

1) 세척기

전동 펌프 모터가 돌아가는 힘으로 쌀을 깨끗이 세척하는 기계다. 통에 쌀을 넣으면 수압에 의해 쌀과 물이 회전되면서 씻기는 원리이며, 5~7회 정도 회전되면 쌀은 걸러내고 물은 배수된다. 쌀가루를 이용하면 사용하지 않아도 된다.

2) 롤러 밀

불린 쌀을 롤러를 이용해 가루로 분쇄하는 기계이다. 롤러의 회전속도, 길이, 지름에 따라 쌀가루의 고운 정도가 결정되므로 용도에 따라 다르게 조절한다. 기계 하단으로 빻아진 쌀가루가 나오므로 기계가 작동하기 전에 그릇을 받쳐놓아야 한다. 쌀가루를 이용하면 사용하지 않아도 된다.

3) 쌀가루 분쇄기

쌀 롤러에서 뭉쳐 나온 쌀가루를 풀어주는 기계다. 일정한 크기의 쌀가루를 얻을 수 있으며, 주로 체가 회전하면서 가루가 걸러지는 회전형 분리기를 사용한다. 쌀가루를 이용하면 사용하지 않아도 된다.

세척기

롤러 밀

분쇄기

(2) 떡을 찌고 치는 설비

1) 스팀 받침대

시루를 받쳐놓은 받침대로, 시루 밑에서 증기가 올라올 수 있도록 제작됐다. 여러 개의 시루를 함께 올리고 찔 수 있으며, 사용 장소에 따라 소형, 중형, 대형으로 설치가 가능하다.

2) 스팀 보일러

물을 데워서 증기를 만드는 기계다. 단시간 내에 지속적으로 같은 온도의 증기를 만들어 낼 수 있어서 떡을 찌는데 효과적이다.

3) 증편기

스팀 보일러와 연결해 증편과 송편을 편리하게 찔 수 있는 기계다. 시루 없이 증편 반죽과 송편을 기계에 넣고 증기를 이용해 쪄낸다. 한 번에 4~5말 분량(생쌀기준 32~40kg)을 찔 수 있어서 대량 생산할 때 이용하면 좋다.

4) 펀칭기

인절미, 송편반죽, 꿀떡, 바람떡 등을 반죽할 때 사용한다. 쪄진 떡이나 쌀가루를 반죽할 수 있으며, 반죽을 하는 중간에 물을 넣어 잘 섞일 수 있도록 해야 한다. 속도가 일정하고, 빠른 시간 내에 많은 양을 반죽할 수 있으므로 대량 생산에 적합하다.

스팀 받침대   스팀 보일러   증편기   스팀 펀칭기

(3) 떡을 성형하는 설비

1) 떡 제병기

시루에서 찐 떡 반죽을 제병기에 넣으면 원하는 모양의 떡을 만들 수 있다. 제병기에 떡 반죽을 넣으면 성형 틀로 밀어내어 떡 모양을 잡는다. 기계를 작동하기 전에 찬물을 넣은 그릇을 준비해 떡이 완성되면 찬물에 떡이 떨어질 수 있게 한다. 성형 틀의 모양에 따라 절편, 가래떡, 떡볶이떡 등을 만들 수 있다.

2) 바람떡 기계

떡 반죽과 소를 기계에 넣으면 바람떡이 완성된다. 기계를 작동하면 떡 반죽이 밀어지면서 소가 가운데에 떨어지고 아물려져서 바람떡 모양이 만들어진다. 떡이 기계에 달라붙지 않게 하기 위해서 중간통에 기름을 부어주어야 한다.

3) 성형기

떡을 여러 가지 모양으로 만들 수 있는 기계로 소비자의 선호도에 따라 같은 떡이라도 모양과 크기를 자동으로 조절 할 수 있다는 장점이 있다. 주로 꿀떡, 송편, 경단, 찹쌀떡을 만들 때 이용한다.

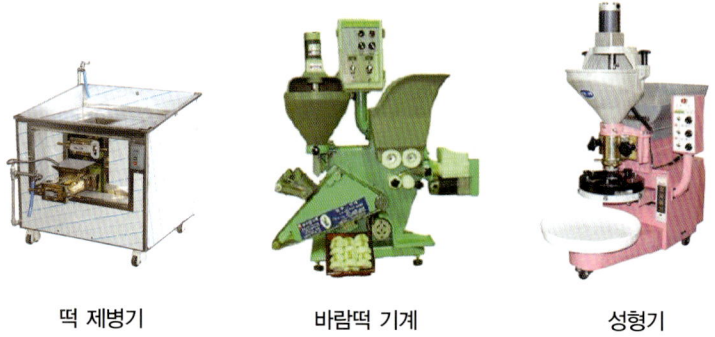

떡 제병기   바람떡 기계   성형기

(4) 떡을 절단하는 설비

1) 인절미 절단기

인절미 반죽 덩어리를 기계에 넣고 작동시키면 원하는 크기로 잘려서 나온다. 이 때 밑에 고물이 담긴 그릇을 놓아 그 쪽으로 떡이 떨어지게 하여 고물을 묻힌다. 떡이 뜨거울 때 차곡차곡 놓아 모양을 잡는다.

2) 절편 절단기

떡 제병기에서 나온 절편을 찬물에서 건져 절편 절단기에 넣으면 일정한 크기로 자를 수 있다. 무늬를 넣은 절편을 만들고 싶으면 무늬가 들어간 롤러가 연결된 절편 절단기를 사용하면 된다.

3) 떡볶이떡 절단기

떡 제병기에서 나온 떡볶이떡을 찬물에서 건져 떡볶이떡 절단기에 넣으면 일정한 크기로 자를 수 있다.

4) 가래떡 절단기

떡 제병기에서 나온 가래떡을 찬물에서 건져 가래떡 절단기에 넣으면 일정한 크기로 자를 수 있다.

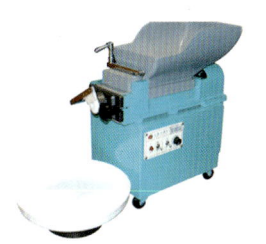
인절미 절단기

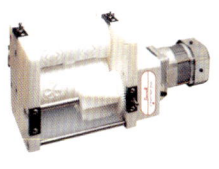
절편 절단기

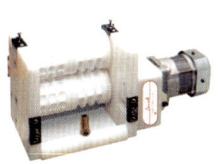
떡볶이떡 절단기

가래떡 절단기

(5) 기타

1) 포장기계

떡을 자동으로 포장 하는 기계이다. 빠른 시간 내에 포장이 가능해 떡의 보온을 유지하는데 효과적이다.

2) 볶음솥

많은 양의 부재료(콩, 참깨, 검정깨 등)를 볶을 때 쓴다. 주걱으로 저어가며 볶을 필요가 없고, 시간과 속도를 적절히 변화시켜서 대량을 볶을 때 편리하다.

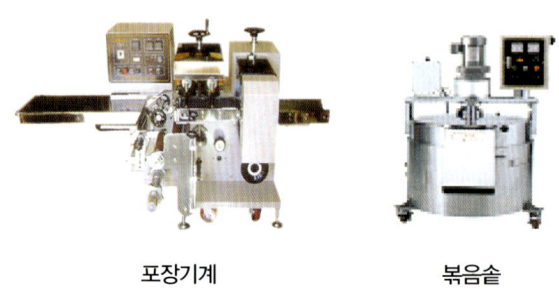

포장기계   볶음솥

2. 떡 기구 명칭

(1) 각종 시루 및 시루망, 다용도 체

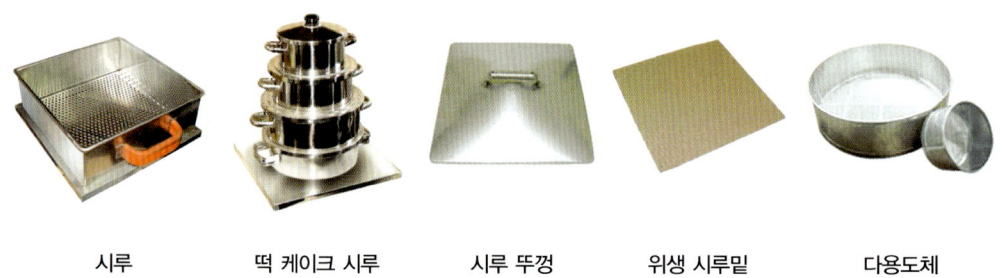

시루   떡 케이크 시루   시루 뚜껑   위생 시루밑   다용도체

(2) 쟁반 및 모형틀

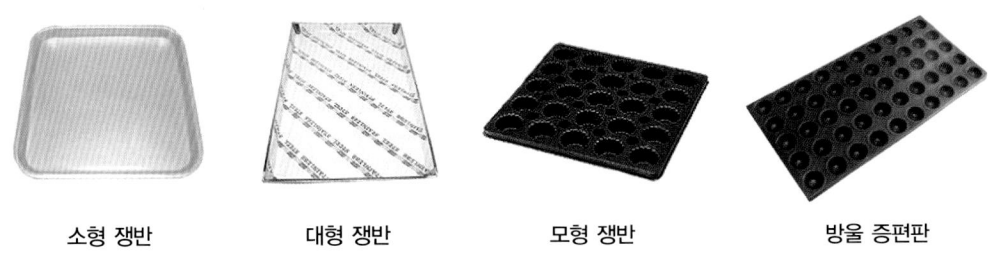

소형 쟁반   대형 쟁반   모형 쟁반   방울 증편판

(3) 설기용 칼

설기 등분 칼날 A형   설기 등분 칼날 B형

(4) 그밖의 도구

플라스틱 용기, 떡살(나무, 플라스틱), 떡도장, 바구니(대나무, 한지), 상자(플라스틱, 종이), 보자기, 쟁반, 계량컵, 계량 스푼, 저울(대, 중, 소), 냉장고, 냉동고, 온장고, 작업대, 스크래퍼, 랙크, 떡주걱, 시루칼, 가위, 밀대, 비닐 등.

4. 떡 설비 레이아웃 (매장형)

(1)

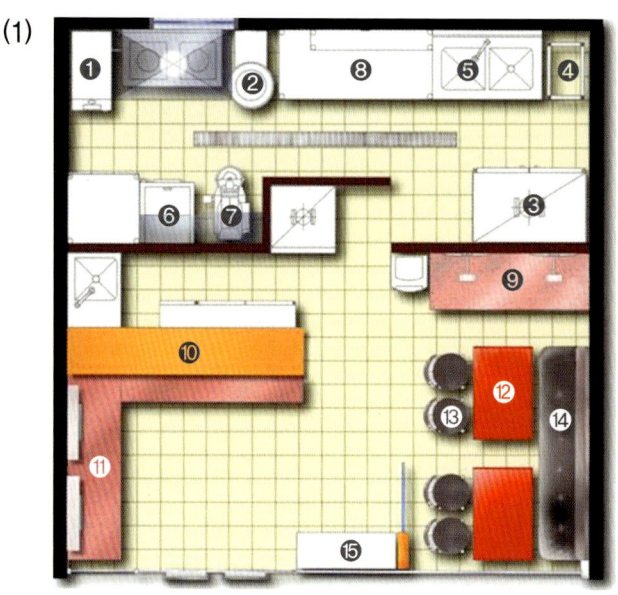

(2)

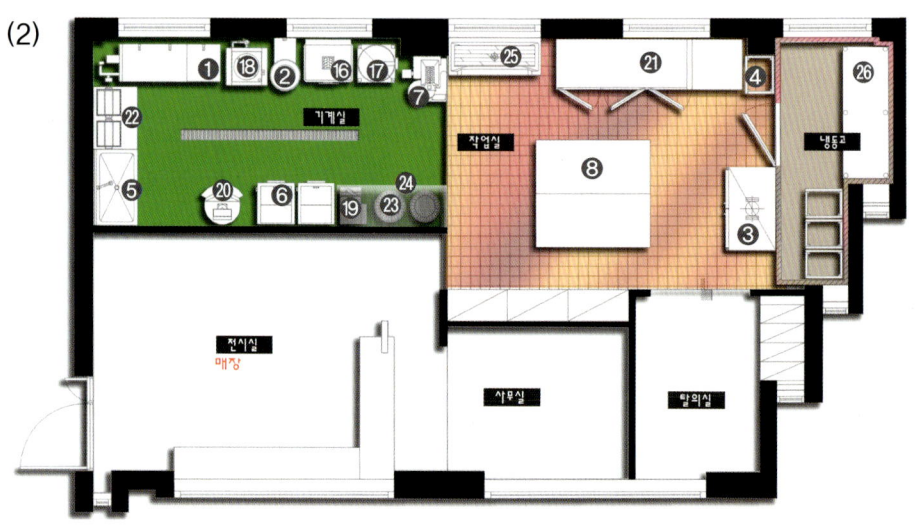

(3)

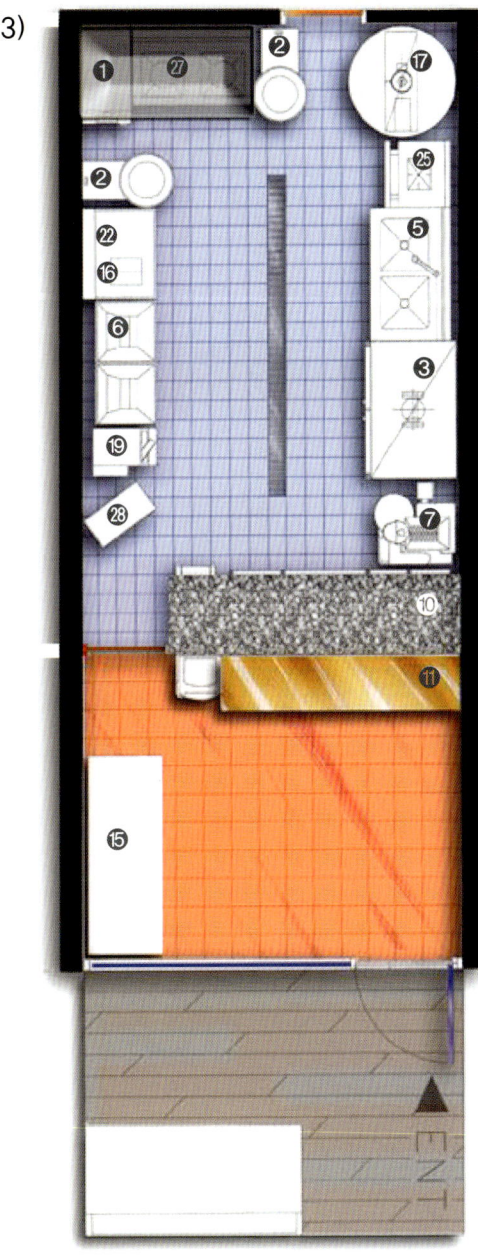

※번호별 설비명

① 보일러
② 펀칭기
③ 냉장고, 냉동고
④ 랙크
⑤ 싱크대
⑥ 롤러 밀
⑦ 성형기
⑧ 작업대
⑨ 진열대
⑩ 즉석 떡 진열대
⑪ 포장 떡 진열대
⑫ 테이블
⑬ 의자
⑭ 벽쇼파
⑮ 쇼케이스
⑯ 제병기
⑰ 전기 앙금솥
⑱ 스팀 펀칭기
⑲ 가래떡 절단기
⑳ 세척기
㉑ 테이블 냉장고
㉒ 시루보관대
㉓ 음식물 쓰레기통
㉔ 찬장
㉕ 업소용 가스버너
㉖ 선반
㉗ 후드
㉘ 에어컨

TIP. 떡에 쓰이는 재료의 분류와 이용

번호	1 곡류	2 잡곡류	3 두류	4 서류	5 종실유	6 채소류	7 산채류	8 과실류	9 견과류	10 약재류	11 인삼류	12 버섯류	13 해조류	14 식용꽃류	15 기타
1	멥쌀	차좁쌀	하얀콩	감자	참깨	무	고사리	오렌지	호두	갈근(칡)	수삼	영지버섯	파래	진달래꽃	건포도
2	찹쌀	메좁쌀	검정콩	고구마	검정깨	호박	고비	포도	잣	당귀(승검초)	장뇌삼	표고버섯	김	국화꽃	유자청
3	검정쌀	차수수	완두콩	마	들깨	단호박	취나물	대추	밤	맥문동	백삼	송이버섯	매생이	장미꽃	꿀
4	보리쌀	메수수	울타리콩	토란	땅콩	쑥갓		감(곶감)	은행	복령	홍삼	목이버섯	미역	허브꽃	치커리
5	밀	옥수수	붉은팥			쑥		파인애플	호박씨	황기		석이버섯		연밥	생강
6	현미	율무	강낭콩			상추		레몬	해바라기씨	황정		상황버섯			
7	찐쌀		동부			근대		딸기	무화과	구기자					
8			녹두			차조기				오미자					
9										치자					
10										귤피					

II 떡 기술의 응용

1장 떡 제조법

〈생쌀 이용 제조법〉
〈쌀가루 이용 제조법〉

찌는 떡
치는 떡
빚는 떡
삶는 떡
지지는 떡
응용떡
건강떡

2장 부록

떡과 재료를 보관하는 방법
부재료 중량별 환산표
떡 재료 및 떡 영양표
실험 이력카드
용도별 떡 재료 길잡이

제1장 떡 제조법

1. 생쌀이용 제조법

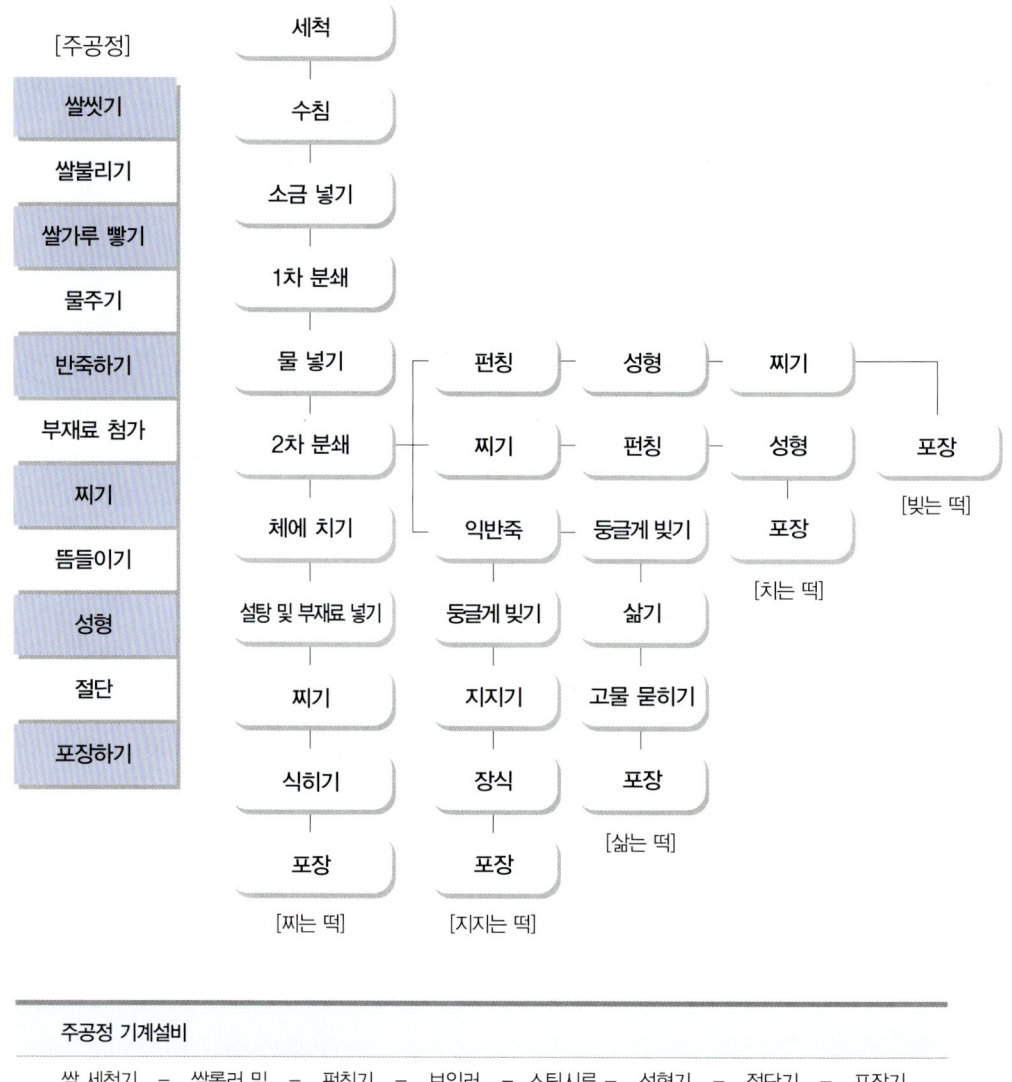

주공정 기계설비
쌀 세척기 － 쌀롤러 밀 － 펀칭기 － 보일러 － 스팀시루 － 성형기 － 절단기 － 포장기

2. 쌀가루이용 제조법

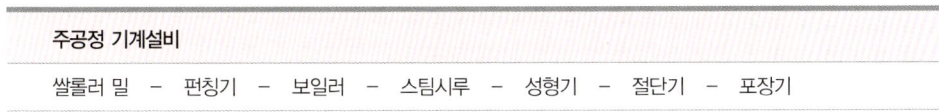

주공정 기계설비
쌀롤러 밀 - 펀칭기 - 보일러 - 스팀시루 - 성형기 - 절단기 - 포장기

백설기

찌는 떡 _ 잔치, 도시락

생쌀 기준

주재료	중량(g)
멥쌀	4,000g(침지쌀 5,000g)
소금	50g
설탕	500g
물	800g

1 불린 멥쌀에 소금을 넣고 1차 분쇄한 후 물을 넣고 2차 분쇄한다.
2 분쇄한 쌀가루를 체에 내려 설탕을 섞은 다음 시루에 넣어 고르게 펴준다.
3 칼로 적당한 크기의 칼집을 넣고 20분간 찐다.
4 시루판에 뒤집어 쏟아내고 떡을 포장지에 담는다.

쌀가루 기준

주재료	중량(g)
가루멥쌀	4,000g
소금	77g
설탕	550g
물	2,480g

1 물에 소금을 녹여 쌀가루에 고루 섞은 후 휴지시킨다.
2 휴지시킨 쌀가루를 체에 내린 후 설탕을 섞고 시루에 넣어 고르게 펴준다.
3 칼로 적당한 크기의 칼집을 넣고 20분간 찐다.
4 시루판에 뒤집어 쏟아내고 떡을 포장지에 담는다.

* 참 고

1 대꼬치로 찔러 보아 흰 가루가 묻어나지 않으면 익은 것이다.
2 남은 떡은 냉동 보관하여 데워 먹으면 좋고, 떡이 딱딱해지면 튀겨서 먹어도 맛있다.
* 모든 배합표의 소금은 정제염, 설탕은 정백당 기준임.

콩설기

찌는 떡 _잔치, 도시락

생쌀 기준

주재료	중량(g)
멥쌀	4,000g(침지쌀 5,000g)
소금	50g
설탕	500g
물	800g
불린 콩	1000g

1 불린 멥쌀에 소금을 넣고 1차 분쇄한 후 물을 넣고 2차 분쇄한다.
2 분쇄한 쌀가루를 체에 내린 후 불린 콩과 설탕을 섞고 시루에 넣어 고르게 펴준다.
3 칼로 적당한 크기의 칼집을 낸 다음 20분간 찐다.
4 떡을 시루판에 뒤집어 쏟아내고 포장지에 담는다.

쌀가루 기준

주재료	중량(g)
가루멥쌀	4,000g
소금	77g
설탕	550g
물	2,480g
검정콩배기	1,000g

1 물에 소금을 녹여 쌀가루에 골고루 섞은 후 휴지시킨다.
2 휴지시킨 쌀가루를 체에 내린 후 검정콩배기와 설탕을 섞고 시루에 넣어 고르게 펴준다.
3 칼로 적당한 크기의 칼집을 낸 다음 20분간 찐다.
4 떡을 시루판에 뒤집어 쏟아내고 포장지에 담는다.

*참 고

1 대꼬치로 찔러 보아 흰 가루가 묻어나지 않으면 익은 것이다.
2 콩은 8시간 이상 불린 후 사용한다(충분히 불리지 않으면 콩이 딱딱하다).
3 콩 종류(강낭콩, 울타리콩, 완두콩 등)를 여러 가지로 바꾸어 넣을 수 있다.

쑥설기

찌는 떡 _잔치, 일반

생쌀 기준

주재료	중량(g)
멥쌀	4,000g(침지쌀 5,000g)
소금	50g
설탕	500g
물	500g
데친 쑥	500g

1 불린 멥쌀에 소금을 넣고 1차 분쇄한 후 데친 쑥과 물을 넣고 2차 분쇄한다.
2 분쇄한 쌀가루를 체에 내린 후 설탕을 섞고 시루에 넣어 고르게 펴준다.
3 칼로 적당한 크기의 칼집을 낸 다음 20분간 찐다.
4 떡을 시루판에 뒤집어 쏟아내고 포장지에 담는다.

쌀가루 기준

주재료	중량(g)
가루멥쌀	4,000g
소금	77g
설탕	550g
물	2,480g
냉동 쑥	600g

1 물에 소금을 녹여 쌀가루에 골고루 섞은 후 휴지시킨다.
2 휴지시킨 쌀가루에 쑥을 넣어 1, 2차 분쇄 한 다음 체에 내린 후 설탕을 섞고 시루에 넣어 고르게 펴준다.
3 칼로 적당한 크기의 칼집을 낸 다음 20분간 찐다.
4 떡을 시루판에 뒤집어 쏟아내고 포장지에 담는다.

*참 고

1 대꼬치로 찔러 보아 흰 가루가 묻어나지 않으면 익은 것이다.
2 쑥을 데친 후 물기를 꼭 짜서 사용해야 한다.
3 쑥을 데칠 때 너무 오래 데치면 색깔이 선명하지 않을 수 있다(색을 선명하게 하려면 소량의 소다를 넣는다).
4 봄철에 가장 많이 먹는 떡으로, 생쑥을 넣을 수도 있다.
5 쑥 채취 시기는 음력 3월부터 5월 5일 전이 적당하고 그 이후 부터는 쑥이 거칠어진다.
6 냉동쑥은 해동시켜 사용한다.

모듬설기

찌는 떡 _ 행사

생쌀 기준

주재료	중량(g)
멥쌀	4,000g(침지쌀 5,000g)
소금	50g
설탕	500g
물	800g

부재료	중량(g)
밤	200g
대추	200g
불린 검은콩	200g
호박씨	200g

1 불린 멥쌀에 소금을 넣고 1차 분쇄한 후 물을 넣고 2차 분쇄한다.
2 분쇄한 쌀가루를 체에 내린 후 밤, 대추, 불린 검은콩, 호박씨와 설탕을 섞고 시루에 넣어 고르게 펴준다.
3 칼로 적당한 크기의 칼집을 낸 다음 20분간 찐다.
4 떡을 시루판에 뒤집어 쏟아내고 포장지에 담는다.

쌀가루 기준

주재료	중량(g)
가루멥쌀	4,000g
소금	77g
설탕	550g
물	2,480g

부재료	중량(g)
강낭콩배기	200g
완두배기	200g
팥배기	200g
불린 호박고지	200g

1 물에 소금을 녹여 쌀가루에 골고루 섞은 후 휴지시킨다.
2 휴지시킨 쌀가루를 체에 내린 후 배기류(강낭콩, 완두, 팥), 불린 호박고지, 설탕을 섞고 시루에 넣어 고르게 펴준다.
3 칼로 적당한 크기의 칼집을 낸 다음 20분간 찐다.
4 떡을 시루판에 뒤집어 쏟아내고 포장지에 담는다.

* 참 고

1 대꼬치로 찔러 보아 흰 가루가 묻어나지 않으면 익은 것이다.
2 부재료는 미리 준비해 둔다.
3 밤은 미리 깎아 4등분해 놓고, 대추는 물로 깨끗이 닦아 씨를 빼고 4등분해 놓는다.
4 부재료를 시루에 미리 뿌린 다음 쌀가루를 넣으면 잘랐을 때 보기 좋다.

무지개떡

찌는 떡 _잔치, 도시락

생쌀 기준

주재료	중량(g)
멥쌀	4,000g(침지쌀 5,000g)
소금	50g
설탕	500g
물	800g+α

재료(천연색소)	중량(g)
단호박가루	20g/1kg
딸기가루	10g/1kg
쑥가루	20g/1kg
코코아가루	10g/1kg

1 불린 멥쌀에 소금을 넣고 1차 분쇄한 후 5등분해 천연색소를 섞은 다음 물을 넣고 2차, 3차 분쇄한다.
2 분쇄한 쌀가루를 색깔별로 각각 체에 내린 후 설탕을 섞고 시루에 켜켜이 넣어 고르게 펴준다.
3 칼로 적당한 크기의 칼집을 낸 다음 20분간 찐다.
4 떡을 시루판에 쏟아내고 포장지에 담는다.

쌀가루 기준

주재료	중량(g)
가루멥쌀	4,000g
소금	77g
설탕	550g
물	2,480g+α

재료(천연색소)	중량(g)
호박고물	80g/1kg
딸기가루	40g/1kg
쑥가루	10g/1kg
코코아가루	40g/1kg

1 쌀가루를 5등분하여 천연색소를 섞은 다음 물에 소금을 녹인 것을 5등분하여 쌀가루에 골고루 섞은 후 휴지시킨다.
2 휴지시킨 쌀가루를 각각 체에 내린 후 설탕을 섞고 시루에 색깔별로 넣어 고르게 펴준다.
3 칼로 적당한 크기의 칼집을 낸 다음 20분간 찐다.
4 떡을 시루판에 쏟아내고 포장지에 담는다.

* 참 고

1 대꼬치로 찔러 보아 흰 가루가 묻어나지 않으면 익은 것이다.
2 단호박가루, 쑥가루, 코코아가루는 수분이 적으므로 물(50~100g)을 더 주어야 떡이 갈라지지 않는다.
3 둥글레가루, 검정깨가루, 자색고구마가루, 팥가루 등을 이용해 다양한 색을 만들 수 있다.

멥시루떡

찌는 떡 _행사, 개업

생쌀 기준

주재료	중량(g)
멥쌀	4,000g(침지쌀 5,000g)
소금	50g
설탕	500g
물	1,000g
붉은팥고물	5,000g

1 불린 멥쌀에 소금을 넣고 1차 분쇄한 후 물을 넣고 2차 분쇄한다.
2 분쇄한 쌀가루를 체에 내린 후 설탕을 섞는다.
3 팥고물 1/4을 시루에 넣고 골고루 펴준 다음 쌀가루 1/3을 넣고 골고루 편다.
4 3을 2회 반복한 다음 나머지 팥고물을 뿌리고 골고루 편다.
5 칼로 적당한 크기의 칼집을 낸 다음 20분간 찐다.
6 떡을 시루판에 쏟아내고 포장지에 담는다.

쌀가루 기준

주재료	중량(g)
가루멥쌀	4,000g
소금	77g
설탕	550g
물	2,400g
찐통팥고물	5,000g

1 물에 소금을 녹여 쌀가루에 고루 섞은 후 휴지시킨다.
2 휴지시킨 쌀가루를 체에 내린 후 설탕을 섞는다.
3 찐통팥고물 1/4을 시루에 넣고 골고루 펴준 다음 쌀가루 1/3을 넣고 골고루 편다.
4 3을 3회 반복한 다음 나머지 찐통팥고물을 뿌리고 골고루 편다.
5 칼로 적당한 크기의 칼집을 낸 다음 20분간 찐다.
6 떡을 시루판에 쏟아내고 포장지에 담는다.

* 참 고

1 대꼬치로 찔러 보아 흰 가루가 묻어나지 않으면 익은 것이다.
2 행사용이나 개업식에 쓸 때는 시루 채로 포장할 수 있다.
3 물이 적으면 떡이 갈라진다.
4 붉은팥고물과 찐통팥고물은 미리 준비 해둔다.

찰멥시루떡 찌는 떡 _행사, 개업

생쌀 기준

주재료	중량(g)
멥쌀+찹쌀(1:1)	4,000g(침지쌀 5,300g)
소금	50g
설탕	500g
물	400g
붉은팥고물	5,000g

1 불린 멥쌀, 찹쌀에 소금을 넣고 1차 분쇄한 후 물을 넣고 2차 분쇄한다.
2 분쇄한 쌀가루를 체에 내린 후 설탕을 섞는다.
3 팥고물 1/4을 시루에 넣고 골고루 펴준 다음 쌀가루 1/3을 넣고 골고루 편다.
4 3을 2회 반복한 다음 나머지 팥고물을 뿌리고 골고루 편다.
5 칼로 적당한 크기의 칼집을 낸 다음 30분간 찐다.
6 떡을 시루판에 쏟아내고 포장지에 담는다.

쌀가루 기준

주재료	중량(g)
가루멥쌀+가루찹쌀	2000g+2000g
소금	77g
설탕	550g
물	2,400g
찐통팥고물	5,000g

1 물에 소금을 녹여 쌀가루에 골고루 섞은 후 휴지시킨다.
2 휴지시킨 쌀가루를 체에 내린 후 설탕을 섞는다.
3 찐통팥고물 1/4을 시루에 넣고 골고루 펴준 다음 쌀가루 1/3을 넣고 골고루 편다.
4 3을 2회 반복한 다음 나머지 찐통팥고물을 뿌리고 골고루 편다.
5 칼로 적당한 크기의 칼집을 낸 다음 30분간 찐다.
6 떡을 시루판에 쏟아내고 포장지에 담는다.

*참 고

1 대꼬치로 찔러 보아 흰가루가 묻어나지 않으면 익은 것이다.
2 행사용이나 개업을 할 때는 시루 채로 포장할 수 있다.
3 찹쌀과 멥쌀의 비율에 따라 떡의 굳기가 달라 질 수 있다(일반적인 비율은 1:1이다).
4 붉은팥고물과 찐통팥고물은 미리 작업하여 둔다.

찰시루떡

찌는 떡 _행사, 개업

생쌀 기준

주재료	중량(g)
찹쌀	4,000g(침지쌀 5,600g)
소금	50g
설탕	500g
물	250g
붉은팥고물	5,000g

1 불린 찹쌀에 소금을 넣고 1차 분쇄한 후 물을 넣고 2차 분쇄한다.
2 분쇄한 쌀가루를 체에 내린 후 설탕을 섞는다.
3 팥고물 1/4을 시루에 넣고 골고루 펴준 다음 쌀가루 1/3을 넣고 골고루 편다.
4 3을 2회 반복한 다음 나머지 팥고물을 뿌리고 골고루 편다.
5 칼로 적당한 크기의 칼집을 낸 다음 30분간 찐다.
6 떡을 시루판에 쏟아내고 포장지에 담는다.

쌀가루 기준

주재료	중량(g)
가루찹쌀	4,000g
소금	76g
설탕	540g
물	2,320g
찐통팥고물	5,000g

1 물에 소금을 녹여 쌀가루에 골고루 섞은 후 휴지시킨다.
2 휴지시킨 쌀가루를 체에 내린 후 설탕을 섞는다.
3 찐통팥고물 1/4 을 시루에 넣고 골고루 펴준 다음 쌀가루 1/3을 넣고 골고루 편다.
4 3을 2회 반복한 다음 나머지 찐통팥고물을 뿌리고 골고루 편다.
5 칼로 적당한 크기의 칼집을 낸 다음 30분간 찐다.
6 떡을 시루판에 쏟아내고 포장지에 담는다.

*참 고

1 대꼬치로 찔러 보아 흰가루가 묻어나지 않으면 익은 것이다.
2 행사용이나 개업을 할 때는 시루 채로 포장하여 나갈 수 있다.
3 물이 적으면 떡이 빨리 굳는다.
4 붉은팥고물과 찐통팥고물은 미리 작업하여 둔다.
5 찹쌀가루일 경우 쌀가루를 얇게 쌓으면 빨리 찔 수 있다.

동부편

찌는 떡 _일반식, 제사

생쌀 기준

주재료	중량(g)
멥쌀+찹쌀(1:1)	4,000g (침지쌀 5,300g)
소금	50g
설탕	500g
물	400g
동부고물	5,000g

1 불린 멥쌀, 찹쌀에 소금을 넣고 1차 분쇄한 후 물을 넣고 2차 분쇄한다.
2 분쇄한 쌀가루에 설탕을 섞는다.
3 동부고물 1/4을 시루에 넣고 골고루 펴준 다음 쌀가루 1/3을 넣고 골고루 편다.
4 3을 2회 반복한 다음 나머지 동부고물을 뿌리고 골고루 편다.
5 30분간 찐 다음 적당한 크기로 자른다.
6 떡을 시루판에 쏟아내고 포장지에 담는다.
＊동부고물은 찐동부(5kg) + 소금(30g) + 설탕(200g)을 넣고 분쇄해서 만든다.

쌀가루 기준

주재료	중량(g)
가루멥쌀+가루찹쌀	4,000g
소금	77g
설탕	640g
물	2,400g
동부고물	5,000g

1 물에 소금을 녹여 쌀가루에 고루 섞은 후 휴지시킨다.
2 휴지시킨 쌀가루를 체에 내린 후 설탕을 섞는다.
3 동부고물 1/4을 시루에 넣고 골고루 펴준 다음 쌀가루 1/3을 넣고 골고루 편다.
4 3을 2회 반복한 다음 나머지 동부고물을 뿌리고 골고루 편다.
5 30분간 찐 다음 적당한 크기로 자른다.
6 떡을 시루판에 쏟아내고 포장지에 담는다.
＊동부고물은 시판중인 건조 동부고물(2kg) + 물(2,400g) + 소금(40g) + 설탕(600g)을 넣고 체로 쳐서 만든다.

＊참 고

1 대꼬치로 찔러 보아 흰 가루가 묻어나지 않으면 익은 것이다.
2 물이 적으면 떡이 갈라진다.
3 동부고물은 미리 준비해 둔다.
4 기호에 따라 멥쌀과 찹쌀 비율은 조정이 가능하다.

녹두편 찌는 떡 _일반식, 제사

생쌀 기준

주재료	중량(g)
멥쌀+찹쌀(1:1)	4,000g (침지쌀 5,300g)
소금	50g
설탕	500g
물	400g
녹두고물	5,000g

1 불린 멥쌀, 찹쌀에 소금을 넣고 1차 분쇄한 후 물을 넣고 2차 분쇄한다.
2 분쇄한 쌀가루에 설탕을 섞는다.
3 녹두고물 1/4을 시루에 넣고 골고루 펴준 다음 쌀가루 1/3을 넣고 골고루 편다.
4 3을 2회 반복한 다음 나머지 녹두고물을 뿌리고 골고루 편다.
5 30분간 찐 다음 적당한 크기로 자른다.
6 떡을 시루판에 쏟아내고 포장지에 담는다.
*녹두고물은 찐녹두(5kg) + 소금(30g) + 설탕(200g)을 넣고 만든다.

쌀가루 기준

주재료	중량(g)
가루멥쌀+가루찹쌀	4,000g
소금	77g
설탕	640g
물	2,400g
녹두고물	5,000g

1 물에 소금을 녹여 쌀가루에 고루 섞은 후 휴지시킨다.
2 휴지시킨 쌀가루를 체에 내린 후 설탕을 섞는다.
3 녹두고물 1/4을 시루에 넣고 골고루 펴준 다음 쌀가루 1/3을 넣고 골고루 편다.
4 3을 2회 반복한 다음 나머지 녹두고물을 뿌리고 골고루 편다.
5 30분간 찐 다음 적당한 크기로 자른다.
6 떡을 시루판에 쏟아내고 포장지에 담는다.
*녹두고물은 시판중인 건조 녹두고물(2kg) + 물(2,400g) + 소금(20g) +설탕 (400g) 을 넣고 체로 쳐서 만든다.

*참 고

1 대꼬치로 찔러 보아 흰 가루가 묻어나지 않으면 익은 것이다.
2 물이 적으면 떡이 갈라진다.
3 녹두고물은 미리 준비해 둔다.
4 기호에 따라 멥쌀과 찹쌀 비율은 조정이 가능하다.

콩편

찌는 떡 _일반식, 제사

생쌀 기준

주재료	중량(g)
멥쌀, 찹쌀	4,000g (침지쌀 5,300g)
소금	50g
설탕	500g
물	500g
편용콩고물	2,000g

1 불린 멥쌀, 찹쌀에 소금을 넣고 1차 분쇄한 후 물을 넣고 2차 분쇄한다.
2 분쇄한 쌀가루에 설탕을 섞는다.
3 편용콩고물 1/4을 시루에 넣고 골고루 펴준 다음 쌀가루 1/3을 넣고 골고루 편다.
4 3을 2회 반복한 다음 나머지 편용콩고물을 뿌리고 골고루 편다.
5 30분간 찐 다음 적당한 크기로 자른다.
6 떡을 시루판에 쏟아내고 포장지에 담는다.
*편용콩고물은 볶은콩(2kg) + 소금(30g) + 설탕(100g)을 넣고 분쇄해서 만든다.

쌀가루 기준

주재료	중량(g)
가루멥쌀, 가루찹쌀	4,000g
소금	77g
설탕	640g
물	2,400g
편콩고물	2,000g

1 물에 소금을 녹여 쌀가루에 고루 섞은 후 휴지시킨다.
2 휴지시킨 쌀가루를 체에 내린 후 설탕을 섞는다.
3 편콩고물 1/4을 시루에 넣고 골고루 펴준 다음 쌀가루 1/3을 넣고 골고루 편다.
4 3을 2회 반복한 다음 나머지 편콩고물을 뿌리고 골고루 편다.
5 30분간 찐 다음 적당한 크기로 자른다.
6 떡을 시루판에 쏟아내고 포장지에 담는다.
*편콩고물은 시판중인 건조 편콩고물(2kg) + 물(1kg) + 소금(20g) + 설탕(400g)을 넣고 체로 쳐서 만든다.

*참 고

1 대꼬치로 찔러 보아 흰 가루가 묻어나지 않으면 익은 것이다.
2 물이 적으면 떡이 갈라진다.
3 콩을 거칠게 분쇄한 것을 편용콩고물이라고 한다.
4 고물은 미리 준비해 둔다.

증편 (방울증편, 판증편) 찌는 떡 _잔치, 도시락

생쌀 기준

주재료	중량(g)
멥쌀	4,000g (침지쌀 5,000g)
소금	30g
설탕	1,000g
물	2,000g

부재료	중량(g)
생막걸리	500g
건이스트	30g
견과류	약간

1 불린 멥쌀에 소금을 넣고 1차 분쇄한 후 물을 넣고 2차 분쇄한다.
2 분쇄한 쌀가루를 체에 내린 후 생막걸리, 건이스트, 설탕을 고루 섞은 후 발효(3~4시간)시킨다.
3 발효가 되면 기포를 제거하고 다시 2차 발효(1~2시간)를 시킨다.
4 2차 발효 후 기포를 제거하고 용기에 담아 견과류로 장식한다.
5 약 30°C에서 20~30분간 한번 더 발효한 후 20분간 찐다.
6 떡이 식으면 포장지에 담는다.

쌀가루 기준

주재료	중량(g)
가루멥쌀	4,000g
소금	80g
설탕	1,200g
물	3,500g

부재료	중량(g)
생막걸리	800g
건이스트	20g
배기류	400g

1 물에 소금을 녹여 쌀가루에 생막걸리, 건이스트, 설탕을 고루 섞은 후 1차 발효(3~4시간)시킨다.
2 발효가 되면 기포를 제거하고 다시 2차 발효(1~2시간)를 시킨다.
3 2차 발효 후 기포를 제거하고 용기에 담아 배기류로 장식한다.
4 약 30°C에서 한번 더 발효한 후 20분간 찐다.
5 떡이 식으면 포장지에 담는다.

*참 고

1 모양틀을 달리하여 여러 가지 제품(컵증편, 접시증편, 판증편 등)을 만들 수 있다.
2 발효 온도는 35~40°C가 적당하다.
3 대량생산을 할 때는 된반죽을 만들어 성형기를 이용할 수 있다.
4 매일 증편을 할 때는 반죽을 대량으로 만들어 냉장고에 두었다가 쓰면 편리하다.
5 소금을 많이 넣으면 발효가 억제될 수 있다.

약식

찌는 떡 _잔치, 행사

주재료	중량(g)
찹쌀	4000g (침지쌀 5,600g)
소금	30g
흑설탕	500g
물	1,400g

부재료	중량(g)
진간장	20g
참기름	150g
식용유	150g
완두배기	200g
밤	200g
대추	200g
건포도	200g
호박씨	200g

1 불린 찹쌀의 물기를 빼고 시루에 20분 정도 찐다.
2 찐 찹쌀에 물을 넣고 골고루 섞은 다음 모든 재료를 넣고 섞는다.
3 2를 30분간 상온에 두어 쌀이 수분을 흡수하게 만든다.
4 3을 시루에 넣고 20분 정도 찐 다음 쟁반에 쏟아 평평하게 하여 대추로 장식한다.
5 적당한 크기로 자른 다음 포장지에 담는다.

＊참 고

1 모양틀을 달리하여 여러 가지 모양의 약식을 만들 수 있다.
2 부재료는 미리 준비해 둔다.
3 찹쌀을 찐 다음 물을 넣고 잘 섞지 않으면 쌀이 뭉쳐져 색이 잘 나오지 않는다.
4 물이 적으면 빨리 굳는다.
5 흑설탕 대신 흰 설탕을 끓여서 카라멜화하여 사용할 수 있다.

모듬찰떡

찌는 떡 _잔치, 행사

생쌀 기준

주재료	중량(g)
찹쌀	4,000g (침지쌀 5,600g)
소금	50g
설탕	500g
물	400g

부재료	중량(g)
밤	300g
대추	300g
불린 검은콩	300g
호박씨	300g

1 불린 찹쌀에 소금을 넣고 1차 분쇄한 후 물을 넣고 2차 분쇄한다.
2 분쇄한 쌀가루에 밤, 대추, 불린 검은콩, 호박씨와 설탕을 섞고 주먹으로 가볍게 쥐어 뭉쳐서 시루에 넣는다.
3 30분간 쪄서 시루판에 쏟아내고 식으면 칼로 알맞게 잘라서 포장지에 담는다.

쌀가루 기준

주재료	중량(g)
가루찹쌀	4,000g
소금	76g
설탕	630g
물	2,320g

부재료	중량(g)
강낭콩배기	300g
완두배기	300g
팥배기	300g
불린 호박고지	300g

1 물에 소금을 녹여 쌀가루에 고루 섞은 후 휴지시킨다.
2 휴지시킨 쌀가루를 체에 내린 후 배기류(강낭콩, 완두, 팥), 불린 호박고지, 설탕을 섞고 주먹으로 가볍게 쥐어 뭉쳐서 시루에 넣는다.
3 30분간 쪄서 시루판에 쏟아내고 식으면 칼로 알맞게 잘라서 포장지에 담는다.

*참 고

1 대꼬치로 찔러 보아 흰 가루가 묻어나지 않으면 익은 것이다.
2 시루판에 미리 비닐을 깔고 기름칠을 해 놓는다.
3 부재료는 미리 준비해 둔다.
4 부재료를 시루에 미리 깐 다음 쌀가루를 넣는 방법도 있다.
5 찰떡은 물이 적으면 굳어지므로 물양을 알맞게 조절한다.
6 찹쌀은 찌면 쌀가루가 퍼지는 성질이 있기 때문에 반죽을 주먹으로 쥐어서 뭉친 다음 시루에 안치면 반죽 사이사이로 증기가 통하면서 더욱 잘 익는다.

쇠머리떡

찌는 떡 _행사, 잔치

생쌀 기준

주재료	중량(g)
찹쌀	4,000g (침지쌀 5,600g)
소금	50g
황설탕	500g
물	400g
삶은 붉은팥	1,000g

1 불린 찹쌀에 소금을 넣고 1차 분쇄한 후 물을 넣고 2차 분쇄한다.
2 분쇄한 쌀가루에 삶은 붉은팥과 황설탕을 섞고 주먹으로 가볍게 쥐어 뭉쳐서 시루에 넣는다.
3 30분간 쪄서 시루판에 쏟아내고 식으면 칼로 알맞게 잘라서 포장지에 담는다.

쌀가루 기준

주재료	중량(g)
가루찹쌀	4,000g
소금	76g
황설탕	630g
물	2,320g
팥배기	1,000g

1 물에 소금을 녹여 쌀가루에 고루 섞은 후 휴지시킨다.
2 휴지시킨 쌀가루를 체에 내린 후 팥배기와 설탕을 섞고 주먹으로 가볍게 쥐어 뭉쳐서 시루에 넣는다.
3 30분간 쪄서 시루판에 쏟아내고 식으면 칼로 알맞게 잘라서 포장지에 담는다.

＊참 고

1 대꼬치로 찔러 보아 흰 가루가 묻어나지 않으면 익은 것이다.
2 붉은팥은 삶아서 물기를 뺀 후 사용한다.
3 시루판에 미리 비닐을 깔고 기름칠을 해 놓는다.
4 부재료는 미리 준비해 둔다.
5 찹쌀가루는 시루에 얇게 깔아 반복하여 찌는 방법과 주먹을 쥐어 찌는 방법이 있다.
6 찰떡은 물이 적으면 굳어지므로 물양을 알맞게 조절한다.
7 찹쌀은 찌면 쌀가루가 퍼지는 성질이 있기 때문에 반죽을 주먹으로 쥐어서 뭉친 다음 시루에 안치면 반죽 사이사이로 증기가 통하면서 더욱 잘 익는다.

구름떡

찌는 떡 _행사, 건강식

생쌀 기준

주재료	중량(g)
찹쌀	4,000g (침지쌀 5,600g)
소금	50g
설탕	500g
물	400g

부재료	중량(g)
밤	200g
호박씨	200g
완두콩	200g
대추채	200g
검정깨가루	300g

쌀가루 기준

주재료	중량(g)
가루찹쌀	4,000g
소금	76g
설탕	540g
물	2,320g

부재료	중량(g)
강낭콩배기	200g
검정콩배기	200g
완두배기	200g
팥배기	200g
팥앙금고물	300g

1 불린 찹쌀에 소금을 넣고 1차 분쇄한 후 물을 넣고 2차 분쇄한다.
2 분쇄한 쌀가루에 부재료(밤, 호박씨, 완두콩, 대추채)와 설탕을 섞고 주먹으로 가볍게 쥐어 뭉쳐서 시루에 넣는다.
3 30분간 찐 다음 시루판에 쏟아내고 칼로 알맞게 잘라 검정깨가루를 묻힌다.
4 사각용기에 구름모양이 나게 꾹 눌러 담아 식힌 후 칼로 썰어서 포장지에 담는다.

1 물에 소금을 녹여 쌀가루에 고루 섞은 후 휴지시킨다.
2 휴지시킨 쌀가루를 체에 내린 후 배기류(강낭콩, 검정콩, 완두, 팥)와 설탕을 섞고 주먹으로 가볍게 쥐어 뭉쳐서 시루에 넣는다.
3 30분간 찐 다음 시루판에 쏟아내고 칼로 알맞게 잘라 팥앙금고물을 묻힌다.
4 사각용기에 구름모양이 나게 꾹 눌러 담아 식힌 후 칼로 썰어서 포장지에 담는다.

*참 고

1 대꼬치로 찔러 보아 흰 가루가 묻어나지 않으면 익은 것이다.
2 시루판에 미리 비닐을 깔고 깻가루를 뿌려 놓는다.
3 부재료는 미리 준비해 둔다.
4 찹쌀가루는 시루에 얇게 깔아 반복하여 찌는 방법과 주먹을 쥐어 찌는 방법이 있다.
5 가루를 묻히는 방법을 달리하면 여러 가지 모양을 낼 수 있다 (뭉게구름모양, 새털구름모양 등).

가래떡 치는 떡 _일반식

생쌀 기준

주재료	중량(g)
멥쌀	4,000g (침지쌀 5,000g)
소금	60g
물	900g

1 불린 멥쌀에 소금을 넣고 1차 분쇄한 후 물을 넣고 2차 분쇄한다.
2 분쇄한 쌀가루를 시루에 넣어 고르게 펴준다.
3 20분간 찐 다음 제병기에 넣고 모양틀(가래떡)을 끼우고 스위치를 켜서 떡을 제조한다.
4 쟁반에 놓고 일정한 간격으로 자른 다음 포장지에 담는다.

쌀가루 기준

주재료	중량(g)
가루멥쌀	4,000g
소금	60g
물	2,000g

1 물에 소금을 녹여 쌀가루에 고루 섞은 후 휴지시킨다.
2 휴지시킨 쌀가루를 분쇄한 후 시루에 넣어 고르게 펴준다.
3 20분간 찐 다음 제병기에 넣고 모양틀(가래떡)을 끼우고 스위치를 켜서 떡을 제조한다.
4 쟁반에 놓고 일정한 간격으로 자른 다음 포장지에 담는다.

* 참 고

1 대꼬치로 찔러 보아 흰가루가 묻어나지 않으면 익은 것이다.
2 작업 전에 용기에 찬물을 준비한다.
3 쑥, 호박, 자색고구마, 딸기 등을 넣어 여러 가지 종류의 가래떡을 만들 수 있다.
4 쑥을 넣을 경우 쌀가루가 5kg 일 때 쑥은 1.5kg~2kg, 물은 450g을 넣는다.
5 제병기에 두 번 작업하면 더 맛있게 된다.

떡볶이떡

치는 떡 _일반식

생쌀 기준

주재료	중량(g)
멥쌀	4,000g (침지쌀 5,000g)
소금	60g
물	900g

1 불린 멥쌀에 소금을 넣고 1차 분쇄한 후 물을 넣고 2차 분쇄한다.
2 분쇄한 쌀가루를 시루에 넣어 고르게 펴준다.
3 20분간 찐 다음 제병기에 넣고 모양 틀(떡볶이떡)을 끼우고 스위치를 켜서 떡을 제조한다.
4 쟁반에 놓고 일정한 간격으로 자른 다음 포장지에 담는다.

쌀가루 기준

주재료	중량(g)
가루멥쌀	4,000g
소금	62g
물	2,200g

1 물에 소금을 녹여 쌀가루에 고루 섞은 후 휴지시킨다.
2 휴지시킨 쌀가루를 분쇄한 후 시루에 넣어 고르게 펴준다.
3 20분간 찐 다음 제병기에 넣고 모양 틀(떡볶이떡)을 끼우고 스위치를 켜서 떡을 제조한다.
4 쟁반에 놓고 일정한 간격으로 자른 다음 포장지에 담는다.

*참 고

1 대꼬치로 찔러 보아 흰 가루가 묻어나지 않으면 익은 것이다.
2 작업 전에 용기에 찬물을 준비한다.
3 쑥, 호박, 자색고구마, 딸기 등을 넣어 여러 가지 종류의 떡볶이떡을 만들 수 있다.
4 제병기에 두 번 작업하면 더 맛있게 된다.
5 대량생산을 하려면 자동 떡볶이떡 기계를 이용한다.

절편 치는 떡 _일반식

생쌀 기준

주재료	중량(g)
멥쌀	4,000g (침지쌀 5,000g)
소금	60g
물	1,000g
참기름	약간

1 불린 멥쌀에 소금을 넣고 1차 분쇄한 후 물을 넣고 2차 분쇄한다.
2 분쇄한 쌀가루를 시루에 넣어 고르게 펴준다.
3 20분간 찐 다음 제병기에 넣고 모양틀(절편)을 끼우고 스위치를 켜서 떡을 제조한다.
4 쟁반에 놓고 일정한 간격으로 자른 다음 포장지에 담는다.

쌀가루 기준

주재료	중량(g)
가루멥쌀	4,000g
소금	66g
물	2,600g
참기름	약간

1 물에 소금을 녹여 쌀가루에 고루 섞은 후 휴지시킨다.
2 휴지시킨 쌀가루를 분쇄한 후 시루에 넣어 고르게 펴준다.
3 20분간 찐 다음 제병기에 넣고 모양틀(절편)을 끼우고 스위치를 켜서 떡을 제조한다.
4 쟁반에 놓고 일정한 간격으로 자른 다음 포장지에 담는다.

*참 고

1 대꼬치로 찔러 보아 흰 가루가 묻어나지 않으면 익은 것이다.
2 작업 전에 용기에 찬물을 준비한다.
3 절편에 떡도장을 찍으면 여러 가지 모양의 떡을 만들 수 있다.
4 쑥, 호박, 자색고구마, 딸기 등을 넣어 여러가지 종류의 절편을 만들 수 있다.
5 쑥을 넣을 경우 쌀가루가 5kg 일 때 쑥은 1kg~1.5kg, 물 450g을 넣는다.
6 절편을 맛있게 하려면 찔 때 설탕 300g을 넣고 제병기에 두 번 작업한다.

오색꿀떡

치는 떡 _생일, 잔치

생쌀 기준

주재료	중량(g)
멥쌀	4,000g (침지쌀 5,000g)
소금	60g
물	1,200g+α
참기름, 식용유	약간

쌀가루 기준

주재료	중량(g)
가루멥쌀	4,000g
소금	80g
물	2,800+α
참기름, 식용유	약간

공통

부재료(천연색소)	중량(g)	부재료(소)	중량(g)
호박고물	80g/1kg	참깨	100g
딸기가루	40g/1kg	깻가루	100g
쑥가루	20g/1kg	설탕	2000g
코코아가루	40g/1kg	콩가루	200g

1 불린 멥쌀에 소금을 넣고 1차 분쇄한 후 5등분해 천연색소를 섞은 다음 물을 넣고 2차, 3차 분쇄한다.
2 분쇄한 쌀가루를 각각 다른 시루에 넣어 고르게 펴준다.
3 20분간 찐 다음 펀칭기에 넣어 5~10분 회전시켜 비닐에 싸둔다.
4 펀칭된 떡과 속재료를 꿀떡 성형기에 넣고 떡을 뽑는다.
5 떡에 기름을 칠해 포장지에 담는다.

1 쌀가루를 5등분해 각각 천연색소를 섞은 다음 물에 소금을 녹인 것을 5등분하여 각각의 쌀가루에 골고루 섞은 후 휴지시킨다.
2 휴지시킨 쌀가루를 색깔별로 다른 시루에 넣어 고르게 펴준다.
3 20분간 찐 다음 펀칭기에 넣어 1~3분 회전시켜 비닐에 싸둔다.
4 펀칭된 떡과 속재료를 꿀떡 성형기에 넣고 떡을 뽑는다.
5 떡에 기름을 칠해 포장지에 담는다.

*참 고

1 대꼬치로 찔러 보아 흰가루가 묻어나지 않으면 익은 것이다.
2 소 재료는 미리 준비해 섞어둔다.
3 자색고구마, 둥글레가루, 깻가루 등으로 다양한 색의 꿀떡을 만들 수 있다.
4 소로 건과류(호두, 호박씨, 아몬드, 땅콩 등)를 넣어도 좋다.

바람떡(개피떡) 치는 떡 _생일, 잔치

생쌀 기준

주재료	중량(g)
멥쌀	4,000g (침지쌀 5,000g)
소금	60g
물	1,200g+α
참기름, 식용류	약간

쌀가루 기준

주재료	중량(g)
가루멥쌀	4,000g
소금	80g
물	2,800+α
참기름, 식용유	약간

공통

부재료(천연색소)	중량(g)	부재료(소)	중량(g)
호박고물	80g/1kg	백앙금	3,000g
딸기가루	40g/1kg	땅콩분태	100g
쑥가루	20g/1kg	호박씨	100g
코코아가루	40g/1kg		

1 불린 멥쌀에 소금을 넣고 1차 분쇄한 후 5등분해 천연색소를 섞은 다음 물을 넣고 2차, 3차 분쇄한다.
2 분쇄한 쌀가루를 각각 다른 시루에 넣어 고르게 펴준다.
3 20분간 찐 다음 펀칭기에 넣어 5~10분 회전시켜 비닐에 싸둔다.
4 펀칭된 떡과 소재료를 바람떡 성형기에 넣고 떡을 제작한다.
5 떡에 기름을 칠한 다음 포장지에 담는다.

1 쌀가루를 5등분해 각각 천연색소를 섞은 다음 물에 소금을 녹인 것을 5등분하여 각각의 쌀가루에 골고루 섞은 후 휴지시킨다.
2 휴지시킨 쌀가루를 색깔별로 다른 시루에 넣어 고르게 펴준다.
3 20분간 찐 다음 펀칭기에 넣어 1~3분 회전시켜 비닐에 싸둔다.
4 펀칭된 떡과 속재료를 바람떡 성형기에 넣고 떡을 제작한다.
5 떡에 기름을 칠한 다음 포장지에 담는다.

*참 고

1 대꼬치로 찔러 보아 흰가루가 묻어나지 않으면 익은 것이다.
2 소 재료는 미리 준비해 섞어둔다.
3 소로 견과류(호두, 호박씨, 아몬드, 땅콩 등)를 넣어도 좋다.

인절미

치는 떡 _잔치, 초상

생쌀 기준

주재료	중량(g)
찹쌀	4,000g (침지쌀 5,600g)
소금	50g
물	400g
콩가루	1,000g

1 불린 찹쌀에 소금을 넣고 1차 분쇄한 다음 주먹으로 가볍게 쥐어 뭉쳐서 시루에 넣는다.
2 30분간 찌고 위에 물을 주어 다시 5분 더 찐 후 펀칭기에 넣고 5~10분 회전시킨다.
3 미리 준비한 쟁반에 떡을 올려놓고 고르게 편다.
4 떡을 식힌 다음 적당한 크기로 잘라 고물에 묻혀 포장지에 담는다.

쌀가루 기준

주재료	중량(g)
가루찹쌀	4,000g
소금	77g
물	2,320g
콩가루	1,000g

1 물에 소금을 녹여 쌀가루에 고루 섞은 후 휴지시킨다.
2 휴지시킨 쌀가루를 체로 친 후 주먹으로 가볍게 쥐어 뭉쳐서 시루에 넣는다.
3 30분간 찐 다음 펀칭기에 넣고 1~3분 회전시킨다.
4 미리 준비한 쟁반에 떡을 올려놓고 고르게 편다.
5 떡을 식힌 다음 적당한 크기로 잘라 고물에 묻혀 포장지에 담는다.

* 참 고

1 대꼬치로 찔러 보아 흰 가루가 묻어나지 않으면 익은 것이다.
2 쟁반에 미리 비닐을 깔고 기름칠을 해 놓는다.
3 인절미는 재료(쑥, 호박, 대추 등)에 따라, 고물(콩가루, 깻가루, 카스테라고물 등)에 따라 다양하게 만들 수 있다.
4 쑥을 넣을 경우 쌀가루가 5kg 일 때 쑥은 1kg, 물은 200g을 넣는다.
5 오래 보관하려면 고물을 묻히지 않고 랩이나 비닐에 싸서 냉동 보관한다.
6 설탕을 300g 넣고 찌면 더욱 맛있다.
7 찹쌀은 찌면 쌀가루가 퍼지는 성질이 있기 때문에 반죽을 주먹으로 쥐어서 뭉친 다음 시루에 안치면 반죽 사이사이로 증기가 통하면서 더욱 잘 익는다.

찹쌀떡

치는 떡 _잔치, 일반식

생쌀 기준

주재료	중량(g)
찹쌀	4,000g (침지쌀 5,600g)
소금	50g
설탕	500g
물	500g
전분	300g
팥앙금	3,000g

1 불린 찹쌀에 소금을 넣고 1차 분쇄한 다음 주먹으로 가볍게 쥐어 뭉쳐서 시루에 넣는다.
2 30분간 찌고 위에 물을 주어 다시 5분간 더 찐 후 설탕과 함께 펀칭기에 넣고 5~10분 회전시킨다.
3 미리 준비한 쟁반에 떡을 올려놓고 고르게 펴서 떡을 식한다.
4 찹쌀떡 성형기에 떡과 팥앙금을 넣고 찹쌀떡을 제작한 다음 전분을 묻혀 포장지에 담는다.

쌀가루 기준

주재료	중량(g)
가루찹쌀	4,000g
소금	50g
설탕	500g
물	2,400g
전분	300g
고운앙금(저감미)	3,000g

1 물에 소금을 녹여 쌀가루에 고루 섞은 후 휴지시킨다.
2 휴지시킨 쌀가루를 체로 친 후 주먹으로 가볍게 쥐어 뭉쳐서 시루에 넣는다.
3 30분간 찐 다음 설탕과 함께 펀칭기에 넣고 1~3분 회전시킨다.
4 미리 준비한 쟁반에 떡을 올려놓고 고르게 펴서 떡을 식힌다.
5 찹쌀떡 성형기에 떡과 고운앙금을 넣고 찹쌀떡을 제작한 다음 전분을 묻혀 포장지에 담는다.

*참 고

1 대꼬치로 찔러 보아 흰가루가 묻어나지 않으면 익은 것이다.
2 쟁반에 미리 비닐을 깔고 기름칠을 해 놓는다.
3 찹쌀떡은 재료(쑥, 호박, 대추 등)에 따라, 소(콩가루, 깻가루, 카스테라고물 등)에 따라 다양하게 만들 수 있다.
4 찹쌀떡을 냉동 보관할 때 유화제를 첨가하면 노화를 완화시킬 수 있다.
5 소에 건과류(호두, 호박씨, 아몬드, 땅콩 등)를 넣어도 좋다.
6 성형시 경단 모양 틀로 바꾸어 사용하면 경단이 된다.
7 찹쌀은 찌면 쌀가루가 퍼지는 성질이 있기 때문에 반죽을 주먹으로 쥐어서 뭉친 다음 시루에 안치면 반죽 사이사이로 증기가 통하면서 더욱 잘 익는다.

오색송편 빚는 떡 _추석, 잔치

생쌀 기준

주재료	중량(g)
멥쌀	4,000g (침지쌀 5,000g)
소금	50g
물	800g+α
참기름, 식용유	약간

쌀가루 기준

주재료	중량(g)
가루멥쌀	4,000g
소금	82g
물	2,800g+α
참기름, 식용유	약간

공통

부재료(천연색소)	중량(g)	부재료(소)	중량(g)
호박고물	80g/1kg	통참깨	200g
딸기가루	40g/1kg	참깨가루	100g
쑥가루	20g/1kg	설탕	3000g
코코아가루	40g/1kg		

1 불린 멥쌀에 소금을 넣고 1차 분쇄한 후 5등분해 각각 천연 색소를 섞은 다음 물을 넣고 2차, 3차 분쇄한다.
2 분쇄한 쌀가루를 펀칭기에 각각 넣고 익반죽하여 5~10분 회전시키고 소재료는 미리 섞어 놓는다.
3 송편 성형기에 반죽과 소를 넣고 송편을 제작한 다음 시루에 넣고 20분간 찐다.
4 찐 떡을 쟁반에 놓고 식으면 기름칠하여 포장지에 담는다.

1 쌀가루를 5등분해 각각 천연색소를 섞은 다음 물에 소금을 녹인 것을 5등분하여 각각의 쌀가루에 고루 섞은 후 휴지시킨다.
2 휴지시킨 쌀가루를 펀칭기에 각각 넣고 익반죽하여 5~10분 회전시키고 소재료는 미리 섞어 놓는다.
3 송편 성형기에 반죽과 소를 넣고 송편을 제작한 다음 시루에 넣고 20분간 찐다.
4 찐 떡을 쟁반에 놓고 식으면 기름칠하여 포장지에 담는다.

*참 고

1 소는 미리 섞어서 준비해 둔다.
2 색을 내는 재료(호박, 딸기, 쑥, 코코아 등)에 따라, 소(동부, 녹두, 콩, 깨 등)에 따라 다양한 송편을 만들 수 있다.
3 소에 견과류(호두, 호박씨, 아몬드, 땅콩 등)를 넣어도 좋다.
4 소와 겉피가 5 : 5 정도의 비율로 만드는 것이 적당하다.
5 송편은 냉동보관으로 장기간 상품화가 가능하다.
6 송편을 익반죽하거나 찬물로 반죽을 할 때 송편피가 갈라지는 현상이 일어나는데, 이를 방지하기 위해 백설기, 가래떡, 떡볶이 덩어리를 5~10% 넣는 방법이 있다.
7 냉동쑥을 넣을 경우 쌀가루가 5kg 일 때 쑥은 1kg~1.5kg, 물 500g+α를 넣는다.

왕송편 빛는 떡 _봄철(영양식)

생쌀 기준

주재료	중량(g)
멥쌀	4,000g (침지쌀 5,000g)
소금	50g
물	800g+α
참기름, 식용유	약간

부재료	중량(g)
냉동쑥	1,000~1,500g
녹두소	3,000g

1 불린 쌀에 소금을 넣고 1차 분쇄한 후 해동한 쑥을 섞은 다음 물을 넣고 2차, 3차 분쇄한다.
2 분쇄한 쌀가루를 편칭기에 넣고 반죽하여 5~10분 회전시킨다.
3 반죽된 것을 100g씩 떼어 소를 넣고 왕송편 모양으로 빚은 다음 시루에 넣고 20분간 찐다.
4 찐 떡을 쟁반에 놓고 식으면 기름칠하여 포장지에 담는다.

쌀가루 기준

주재료	중량(g)
가루멥쌀	4,000g
소금	82g
물	2,800g+α
참기름, 식용유	약간

부재료	중량(g)
냉동쑥	800g
녹두소	3,000g

1 물에 소금을 녹여 쌀가루에 고루 섞은 후 휴지시킨다.
2 휴지시킨 쌀가루에 해동한 쑥을 섞은 다음 물을 넣고 2차, 3차 분쇄한다.
3 분쇄한 쌀가루를 편칭기에 넣고 반죽하여 5~10분 회전시킨다.
4 반죽된 것을 100g씩 떼어 소를 넣고 왕송편 모양으로 빚은 다음 시루에 넣고 20분간 찐다.
5 찐 떡을 쟁반에 놓고 식으면 기름칠하여 포장지에 담는다.

* 참 고

1 작업 전에 냉동쑥을 해동시켜 둔다.
2 겉피를 얇게 하고 소를 많이 넣으면 더욱 맛있다.
3 냉동보관으로 장기간 상품화가 가능하다.
4 대량생산을 하려면 성형기를 이용한다.

쑥개떡

빚는 떡 _봄철(영양식)

생쌀 기준

주재료	중량(g)
멥쌀	4,000g (침지쌀 5,000g)
소금	60g
물	1,000g
참기름, 식용유	약간

부재료	중량(g)
냉동쑥	1,000~1,500g
찐 검정콩	약간
설탕	약간

1 불린 쌀에 소금을 넣고 1차 분쇄한 후 해동한 쑥을 섞은 다음 물을 넣고 2차, 3차 분쇄한다.
2 분쇄한 쌀가루를 펀칭기에 넣고 반죽하여 5~10분 회전시킨다.
3 반죽을 둥글넓적하게 만들어 그 위에 찐 검정콩과 설탕을 뿌리고 시루에 20분간 찐다.
4 찐 떡을 쟁반에 놓고 식힌 다음 기름칠하여 포장지에 담는다.

쌀가루 기준

주재료	중량(g)
가루멥쌀	4,000g
소금	84g
물	3,000+α
참기름, 식용유	약간

부재료	중량(g)
냉동쑥	800g
검정콩배기	약간
설탕	약간

1 물에 소금을 녹여 쌀가루에 고루 섞은 후 휴지시킨다.
2 휴지시킨 쌀가루에 해동한 쑥을 섞은 다음 물을 넣고 2차, 3차 분쇄한다.
3 분쇄한 쌀가루를 펀칭기에 넣고 반죽하여 5~10분 회전시킨다.
4 반죽을 둥글넓적하게 만들어 그 위에 검정콩배기와 설탕을 뿌리고 시루에 20분간 찐다.
5 찐 떡을 쟁반에 놓고 식힌 다음 기름칠하여 포장지에 담는다.

* 참 고

1 작업 전에 미리 냉동쑥을 해동시켜 둔다.
2 쑥을 많이 넣고 겉피를 얇게 하면 더욱 맛있다.
3 떡도장을 이용하여 여러 가지 모양의 쑥개떡을 만들 수 있다.
4 냉동보관으로 장기간 상품화가 가능하다.
5 대량생산을 할 때는 원형틀로 찍어 만든다.

찹쌀경단

삶는 떡 _잔치

생쌀 기준

주재료	중량(g)
찹쌀	4,000g (침지쌀 5,600g)
소금	50g
설탕	300g
물	800g+α
붉은팥고물	적당량

1 불린 찹쌀에 소금을 넣고 1차 분쇄한 후 물1/2을 넣고 2차 분쇄한다.
2 분쇄한 쌀가루에 설탕과 나머지 끓는 물을 넣고 펀칭기에 넣어서 익반죽을 한다.
3 반죽을 15g씩 떼어 동그란 모양으로 만들고, 끓는 물(100℃)에 넣어 떡이 떠오르면 건진다.
4 팥고물을 묻힌 다음 식혀서 포장지에 담는다.

쌀가루 기준

주재료	중량(g)
가루찹쌀	4,000g
소금	82g
설탕	680g
물	2,800g+α
찐통팥고물	적당량

1 물에 소금을 녹여 쌀가루에 고루 섞은 후 휴지시킨다.
2 휴지시킨 쌀가루에 끓는 물과 설탕을 섞고 펀칭기에 넣어서 익반죽을 한다.
3 반죽을 15g씩 떼어 동그란 모양으로 만들고, 끓는 물(100℃)에 넣어 떡이 떠오르면 건진다.
4 찐통팥고물을 묻힌 다음 식혀서 포장지에 담는다.

*참 고

1 카스테라고물(초코, 노랑, 쑥)을 경단고물로 쓸 수 있다.
2 반죽을 익히지 않은 상태에서 냉동보관하면 장기간 상품화가 가능하다.
3 끓는 물에 삶을 때 떡이 떠오르면 바로 건지지 말고 한 번 저어서 다시 떠오를 때 건진다.
4 대량생산을 하려면 성형기를 이용한다.
5 붉은팥고물과 찐통팥고물은 미리 준비 해둔다.

수수팥단지

치는 떡 _백일, 돌, 생일

생수수 기준

주재료	중량(g)
수수	4,000g (침지쌀 5,600g)
소금	50g
설탕	300g
물	800g+α
붉은팥고물	적당량

1 불린 수수에 소금을 넣고 1차 분쇄한 후 물1/2을 넣고 2차 분쇄한다.
2 분쇄한 수수에 나머지 끓는 물과 설탕을 섞어 펀칭기에 넣고 익반죽을 한다(필요에 따라 물을 추가로 넣을 수 있다).
3 반죽을 15g씩 떼어 동그란 모양으로 만들고, 끓는 물(100℃)에 넣어 떡이 떠오르면 건진다.
4 팥고물을 묻힌 다음 식혀서 포장지에 담는다.

수수가루 기준

주재료	중량(g)
수수가루	4,000g
소금	85g
설탕	700g
물	3,000+α
찐통팥고물	적당량

1 물에 소금을 녹여 수수가루에 고루 섞은 후 휴지시킨다.
2 휴지시킨 수수가루에 나머지 끓는 물과 설탕을 섞어 펀칭기에 넣고 익반죽을 한다(필요에 따라 물을 추가로 넣을 수 있다).
3 반죽을 15g씩 떼어 동그란 모양으로 만들고, 끓는 물(100℃)에 넣어 떡이 떠오르면 건진다.
4 찐통팥고물을 묻힌 다음 식혀서 포장지에 담는다.

* 참 고

1 카스테라고물(초코, 노랑, 쑥)을 경단고물로 쓸 수 있다.
2 반죽을 익히지 않은 상태에서 냉동보관하면 장기간 상품화가 가능하다.
3 끓는 물에 삶을 때 떡이 떠오르면 바로 건지지 말고 한 번 저어서 다시 떠오를 때 건진다.
4 대량생산을 하려면 성형기를 이용한다.

화전 지지는 떡 _잔치

생쌀 기준

주재료	중량(g)
찹쌀	4,000g (침지쌀 5,600g)
소금	50g
설탕	300g
물	800g+α
꽃잎	약간
식용유	적당량

1 불린 찹쌀에 소금을 넣고 1차 분쇄한 후 물1/2을 넣고 2차 분쇄한다.
2 분쇄한 쌀가루에 나머지 끓는 물과 설탕을 섞어 펀칭기에 넣고 익반죽을 한다.
3 반죽을 30g씩 떼어 둥글납작한 모양으로 만들어 프라이팬에 기름을 두르고 지진다.
4 꽃잎을 붙여 식힌 다음 포장지에 담는다.

쌀가루 기준

주재료	중량(g)
가루찹쌀	4,000g
소금	60g
설탕	400g
물	2,400g+α
꽃잎	약간
식용유	적당량

1 물에 소금을 녹여 쌀가루에 고루 섞은 후 휴지시킨다.
2 휴지시킨 쌀가루에 끓는 물과 설탕을 섞어 펀칭기에 넣고 익반죽을 한다.
3 반죽을 30g씩 떼어 둥글납작한 모양으로 만들어 프라이팬에 기름을 두르고 지진다.
4 꽃잎을 붙여 식힌 다음 포장지에 담는다.

＊참 고

1 화전에 쓸 수 있는 식용꽃은 진달래, 국화, 맨드라미, 허브, 장미 등이 있다.
2 냉동보관으로 장기간 상품화가 가능하다.
3 전기 프라이팬을 사용하면 지지는 온도를 일정하게 유지할 수 있어 편리하다.
4 대량생산을 하려면 성형기를 이용한다.

찹쌀부꾸미

지지는 떡 _잔치

생쌀 기준

주재료	중량(g)
찹쌀	4,000g (침지쌀 5,600g)
소금	50g
설탕	300g
물	800g+α

부재료	중량(g)
거피팥 소	1,000g
꿀	약간
계피가루	약간
장식꽃	약간

1 불린 찹쌀에 소금을 넣고 1차 분쇄한 후 물1/2을 넣고 2차 분쇄한다.
2 분쇄한 쌀가루에 나머지 끓는 물과 설탕을 섞어 펀칭기에 넣고 익반죽을 한다.
3 반죽을 50g씩 떼어 둥글납작한 모양으로 만들어 프라이팬에 기름을 두르고 지지다가 소를 넣어 반으로 접는다.
4 장식꽃을 붙인 다음 식혀 포장지에 담는다.

쌀가루 기준

주재료	중량(g)
가루찹쌀	4,000g
소금	60g
설탕	400g
물	2,400g+α

부재료	중량(g)
백앙금	1,000g
꿀	약간
계피가루	약간
장식꽃	약간

1 물에 소금을 녹여 쌀가루에 고루 섞은 후 휴지시킨다.
2 휴지시킨 쌀가루에 끓는 물과 설탕을 섞어 펀칭기에 넣고 익반죽을 한다.
3 반죽을 50g씩 떼어 둥글납작한 모양으로 만들어 프라이팬에 기름을 두르고 지지다가 소를 넣어 반으로 접는다.
4 장식꽃을 붙인 다음 식혀 포장지에 담는다.

* 참 고

1 부꾸미 종류는 재료에 따라 찹쌀, 수수부꾸미 등이 있다.
2 냉동보관으로 장기간 상품화가 가능하다.
3 전기 프라이팬을 사용하면 지지는 온도를 일정하게 유지할 수 있어 편리하다.
4 호박앙금, 팥앙금, 완두앙금 등을 소로 쓸 수 있다. 소 재료는 미리 섞어 준비해 둔다.

개성주악

지지는 떡 _행사, 개업

생쌀 기준

주재료	중량(g)
찹쌀	4,000g (침지쌀 5,600g)
소금	50g
설탕	300g
물	800g+α
생막걸리	200g
꿀시럽	약간

1 불린 찹쌀에 소금을 넣고 1차 분쇄한 후 물1/2을 넣고 2차 분쇄한다.
2 분쇄한 쌀가루에 나머지 끓는 물과 막걸리, 설탕을 섞어 편칭기에 넣고 익반죽을 한다.
3 반죽을 30g씩 떼어 둥글납작한 모양으로 빚어 튀김기에서 1차로(150℃) 튀긴 후 온도를 높여 한번 더 튀겨낸다(180℃).
4 튀긴 떡에 꿀시럽을 묻힌 다음 식혀서 포장지에 담는다.

쌀가루 기준

주재료	중량(g)
가루찹쌀	4,000g
소금	60g
설탕	200g
물	2,200g+α
생막걸리	200g
꿀시럽	약간

1 물에 소금을 녹여 쌀가루에 고루 섞은 후 휴지시킨다.
2 휴지시킨 쌀가루에 끓는 물과 설탕을 섞어 편칭기에 넣고 익반죽을 한다.
3 반죽을 30g씩 떼어 둥글납작한 모양으로 빚어 튀김기에서 1차로(150℃) 튀긴 후 온도를 높여 한 번 더 튀겨낸다(180℃).
4 튀긴 떡에 꿀시럽을 묻힌 다음 식혀서 포장지에 담는다.

* 참 고

1 냉동보관으로 장기간 상품화가 가능하다.
2 전기 프라이팬을 사용하면 지지는 온도를 일정하게 유지할 수 있어 편리하다.
3 대량생산을 하려면 성형기를 이용한다.

막걸리설기

응용 떡 _찌는 떡, 간식용

생쌀 기준

주재료	중량(g)
멥쌀	4,000g (침지쌀 5,000g)
소금	50g
설탕	500g
물	500g
생막걸리	300g

1 불린 멥쌀에 소금을 넣고 1차 분쇄한 후 막걸리와 물을 넣고 2차 분쇄한다.
2 분쇄한 쌀가루를 체에 내린 후 설탕을 섞고 시루에 넣어 고르게 펴준다.
3 칼로 적당한 크기의 칼집을 낸 다음 20분간 찐다.
4 떡을 시루판에 뒤집어 쏟아내고 포장지에 담는다.

쌀가루 기준

주재료	중량(g)
가루멥쌀	4,000g
소금	77g
설탕	520g
물	2,100g
생막걸리	300g

1 물과 막걸리를 섞어서 소금을 녹여 쌀가루에 고루 섞은 후 휴지시킨다.
2 휴지시킨 쌀가루를 체에 내린 후 설탕을 섞고 시루에 넣어 고르게 펴준다.
3 칼로 적당한 크기의 칼집을 낸 다음 20분간 찐다.
4 떡을 시루판에 뒤집어 쏟아내고 포장지에 담는다.

* 참 고

1 대꼬치로 찔러 보아 흰 가루가 묻어나지 않으면 익은 것이다.
2 막걸리는 상온에 두면 상할 수 있으므로 냉장고에 보관하는 것이 좋다.

떡 케이크 응용 떡 _찌는 떡, 생일, 잔치, 행사

생쌀 기준

주재료	중량(g)
멥쌀	4,000g (침지쌀 5,000g)
소금	50g
설탕	500g
물	800g+α

쌀가루 기준

주재료	중량(g)
가루멥쌀	4,000g
소금	77g
설탕	550g
물	2,480g+α

공통

부재료(천연색소)	중량(g)	부재료	중량(g)
단호박가루	80g/1kg	완두배기	50g
딸기가루	40g/1kg	팥배기	50g
쑥가루	20g/1kg	고운앙금	50g
코코아가루	40g/1kg	카스테라고물	약간

1 불린 멥쌀에 소금을 넣고 1차 분쇄한 후 5등분하여 각각 천연색소를 섞은 다음 물을 넣고 2차, 3차 분쇄한다.
2 분쇄한 쌀가루를 체에 내린 후 각각 설탕을 섞고 색깔별로 층층이 시루에 넣어 고르게 펴준 다음 사이사이에 부재료(완두배기, 팥배기, 고운앙금)를 넣는다.
3 20분간 찐 다음 케이크판에 뒤집어 내어 카스테라고물을 뿌리고 포장한다.

1 쌀가루를 5등분하여 각각 천연색소를 섞은 다음 물에 소금을 녹인 것을 5등분하여 각각의 쌀가루에 고루 섞은 후 휴지시킨다.
2 휴지시킨 쌀가루를 각각 체에 내린 후 설탕을 섞고 색깔별로 층층이 시루에 넣어 고르게 펴준 다음 사이사이에 부재료(완두배기, 팥배기, 고운앙금)를 넣는다.
3 20분간 찐 다음 케이크판에 뒤집어 내어 카스테라고물을 뿌리고 포장한다.

✱ 참 고

1 대꼬치로 찔러 보아 흰 가루가 묻어나지 않으면 익은 것이다.
2 색 사이에 여러 가지 부재료를 넣으면 더욱 맛이 있다.
3 쌀가루와 고운앙금을 1:1로 섞어 사용하면 맛있게 먹을 수 있다.
4 호박가루, 쑥가루, 코코아가루 등 수분이 적은 것은 물을 추가로 넣는 것이 좋다.

떡버거

응용 떡 _찌는 떡, 간식, 행사용

생쌀 기준

주재료	중량(g)
멥쌀	4,000g (침지쌀 5,000g)
소금	30g
설탕	1,000g
물	2,000g+α
생막걸리	500g
건이스트	30g

쌀가루 기준

주재료	중량(g)
가루멥쌀	4,000g
소금	30g
설탕	1,200g
물	4,400+α
생막걸리	500g
건이스트	30g

공통

부재료	중량(g)	부재료	중량(g)
검은깨	적당량	양상추	적당량
대추채	적당량	마요네즈	적당량
오이 피클	적당량	케첩	적당량
햄	적당량	겨자소스	적당량

1 불린 멥쌀에 소금을 넣고 1차 분쇄한 후 물을 넣고 2차 분쇄한다.
2 분쇄한 쌀가루를 체에 내린 후 생막걸리, 건이스트, 설탕을 고루 섞은 후 1차 발효(3~4시간) 시킨다.
3 발효가 되면 기포를 제거하고 다시 2차 발효(1~2시간)를 시킨다.
4 2차 발효 후 기포를 제거하고 약 30°C에서 20~30분간 한 번 더 발효해 시루에 넣고 20분간 찐다.
5 떡을 햄버거 빵 크기의 원형틀에 찍은 다음 떡 위에 부재료를 차곡차곡 올리고 다시 떡으로 덮는다.
6 검은깨, 대추채를 떡 위에 올려서 포장지에 담는다.

1 물에 소금을 녹여 쌀가루에 생막걸리, 건이스트, 설탕을 고루 섞은 후 1차 발효(3~4시간)시킨다.
2 발효가 되면 기포를 제거하고 다시 2차 발효(1~2시간)를 시킨다.
3 2차 발효 후 기포를 제거하고 약 30°C에서 한 번 더 발효해 시루에 넣고 20분간 찐다.
4 떡을 햄버거 빵 크기의 원형틀에 찍은 다음 떡 위에 부재료를 차곡차곡 올리고 다시 떡을 덮는다.
5 검은깨, 대추채를 떡 위에 올려서 포장지에 담는다.

*참 고

1 반죽을 한 다음 천연색소를 넣어 여러 가지 색깔의 떡을 만들 수 있다.
2 발효온도는 35~40°C가 적당하다.
3 대량생산을 할 때는 된반죽을 만들어 성형기를 이용한다.
4 부재료는 미리 손질해 둔다.

떡샌드위치

응용 떡 _찌는 떡, 간식용, 도시락

생쌀 기준

주재료	중량(g)
멥쌀	4,000g (침지쌀 5,000g)
소금	50g
물	1,000g

쌀가루 기준

주재료	중량(g)
가루멥쌀	4,000g
소금	77g
물	2,480g

공통

부재료	중량(g)	부재료	중량(g)
토마토	적당량	케첩	적당량
오이	적당량	양상추	적당량
당근	적당량	호박앙금	적당량
삶은 계란	적당량		

1 불린 멥쌀에 소금을 넣고 1차 분쇄한 후 물을 넣고 2차 분쇄한다.
2 분쇄한 쌀가루를 체에 내린 후 시루에 넣어 얇고 고르게 펴준다.
3 적당한 크기로 칼집을 넣은 다음 20분간 찐다.
4 시루판에 뒤집어 쏟아내고 떡 사이에 손질한 부재료를 넣고 포장지에 담는다.

1 물에 소금을 녹여 쌀가루에 고루 섞은 후 휴지시킨다.
2 휴지시킨 쌀가루를 체에 내린 후 시루에 넣어 얇고 고르게 펴준다.
3 칼로 적당한 크기의 칼집을 넣은 다음 20분간 찐다.
4 시루판에 뒤집어 쏟아내고 떡 사이에 손질한 부재료를 넣고 포장지에 담는다.

*참 고

1 대꼬치로 찔러 보아 흰 가루가 묻어나지 않으면 익은 것이다.
2 쌀가루에 천연 색소를 넣어 여러 가지 색의 떡샌드위치를 만들 수 있다.
3 부재료는 미리 손질해 둔다.
4 떡이 뜨거울때 부재료를 넣으면 상할 수가 있으므로 식힌 다음 샌드한다.

김말이떡

응용 떡 _찌는 떡, 간식용

생쌀 기준

주재료	중량(g)
찹쌀	4,000g (침지쌀 5,600g)
소금	50g
물	400g

쌀가루 기준

주재료	중량(g)
가루찹쌀	4,000g
소금	60g
물	2,200g

공통

부재료	중량(g)	부재료	중량(g)
카스테라고물	약간	당근채	적당량
검은깨가루	약간	단무지	적당량
김	적당량	맛살	적당량

1 불린 찹쌀에 소금을 넣고 1차 분쇄한 다음 주먹으로 가볍게 쥐어 뭉쳐서 시루에 넣는다.
2 30분간 찐 다음 위에 물을 주어 다시 5분을 쪄서 꺼내 펀칭기에 넣고 5~10분 회전시킨다.
3 미리 준비한 쟁반에 떡을 올려놓고 고르게 편다.
4 떡을 식혀서 김 크기로 자르고 김 위에 자른 떡을 올린 후 그 위에 부재료를 올리고 둥글게 만다.
5 김밥처럼 얇게 잘라 카스테라고물 또는 깻가루를 묻혀 포장지에 담는다.

1 물에 소금을 녹여 쌀가루에 고루 섞은 후 휴지시킨다.
2 휴지시킨 쌀가루를 체친 후 주먹으로 가볍게 쥐어 뭉쳐서 시루에 넣는다.
3 30분간 찐 다음 펀칭기에 넣고 5~10분 회전시킨다.
4 미리 준비한 쟁반에 떡을 올려놓고 고르게 편다.
5 떡을 식혀서 김 크기로 자르고 김 위에 자른 떡을 올린 후 그 위에 부재료를 올리고 둥글게 만다.
6 김밥처럼 얇게 잘라 카스테라고물 또는 깻가루를 묻혀 포장지에 담는다.

＊참 고

1 대꼬치로 찔러 보아 흰 가루가 묻어나지 않으면 익은 것이다.
2 쟁반에 미리 비닐을 깔고 기름칠을 해 놓는다.
3 김말이떡은 속 재료에 따라 다양한 맛을 낼 수 있다.
4 당근과 맛살은 한 번 쪄서 사용해야 한다.
5 찹쌀은 찌면 쌀가루가 퍼지는 성질이 있기 때문에 반죽을 주먹으로 쥐어서 뭉친 다음 시루에 안치면 반죽 사이사이로 증기가 통하면서 더욱 잘 익는다.

피자떡 응용 떡 _찌는 떡, 간식용

생쌀 기준

주재료	중량(g)
멥쌀	4,000g (침지쌀 5,000g)
소금	50g
설탕	300g
물	800g+α

쌀가루 기준

주재료	중량(g)
가루멥쌀	4,000g
소금	60g
설탕	200g
물	2,600g+α

공통

부재료	중량(g)	부재료	중량(g)
피자치즈	적당량	햄	적당량
피자소스	약간	백앙금	적당량
피망	적당량	양파	적당량

1 불린 멥쌀에 소금을 넣고 1차 분쇄한 후 물을 넣고 2차 분쇄한다.
2 분쇄한 쌀가루를 체에 내린 후 설탕을 섞고 시루에 넣어 얇고 고르게 펴준다.
3 적당한 크기의 칼집을 낸 다음 그 위에 손질한 피망, 양파, 햄, 백앙금을 넣고 20분간 찐다.
4 찐 떡에 피자 치즈, 소스를 올리고 1~2분 정도 더 찐다.
5 시루판에 꺼내어 자른 떡을 포장지에 담는다.

1 물에 소금을 녹여 쌀가루에 고루 섞은 후 휴지시킨다.
2 휴지시킨 쌀가루를 체에 내린 후 설탕을 섞고 시루에 넣어 얇고 고르게 펴준다.
3 적당한 크기의 칼집을 낸 다음 그 위에 손질한 피망, 양파, 햄, 백앙금을 넣고 20분간 찐다.
4 찐 떡에 피자 치즈, 소스를 올리고 1~2분 정도 더 찐다.
5 시루판에 꺼내어 자른 떡을 포장지에 담는다.

*참 고

1 대꼬치로 찔러 보아 흰 가루가 묻어나지 않으면 익은 것이다.
2 부재료는 미리 손질해 둔다.
3 쌀가루에 천연 색소를 넣어 여러 가지 색의 떡을 만들 수 있다.
4 햄 대신 배기류(검정콩, 팥, 완두 등)를 넣어도 좋다.

두텁떡

응용 떡 _찌는 떡, 잔치, 궁중

생쌀 기준

주재료	중량(g)
찹쌀	4,000g (침지쌀 5,600g)
진간장	50g
설탕	400g
꿀	100g
물	250g
계피가루	10g

쌀가루 기준

주재료	중량(g)
가루찹쌀	4,000g
진간장	480g
설탕	400g
꿀	200g
물	1,720g
계피가루	20g

공통

부재료	중량(g)
두텁고물	1,000g
호두분태	100g
잣	100g
밤채	100g

부재료	중량(g)
대추채	100g
유자청	200g
완두배기	약간

1 불린 찹쌀을 1차 분쇄한 후 진간장과 물을 넣고 2차 분쇄한다.
2 시루에 두텁고물(1/2분량)을 깔고 그 위에 숟가락으로 계피가루, 설탕, 꿀을 섞은 쌀가루를 적당히 올린다.
3 부재료를 둥글게 뭉쳐서 각각의 쌀가루 위에 올리고 쌀가루로 덮은 다음 다시 두텁고물을 올린다.
4 시루가 다 차면 30분간 찐 다음 숟가락으로 떡을 꺼내 식혀서 포장한다.

1 쌀가루에 진간장과 물을 고루 섞은 후 휴지시킨다.
2 시루에 두텁고물(1/2분량)을 깔고 그 위에 숟가락으로 계피가루, 설탕, 꿀을 섞은 쌀가루를 적당히 올린다.
3 부재료를 둥글게 뭉쳐서 각각의 쌀가루 위에 올리고 쌀가루로 덮은 다음 다시 두텁고물을 올린다.
4 시루가 다 차면 30분간 찐 다음 숟가락으로 떡을 꺼내 식혀서 포장한다.

*참 고

1 대꼬치로 찔러 보아 흰 가루가 묻어나지 않으면 익은 것이다.
2 행사용이나 선물용으로 두텁찹쌀떡 또는 두텁경단도 만들 수 있다.
3 반제품으로 냉동보관하면 장기간 상품화가 가능하다.
4 두텁고물을 제외한 부재료는 미리 섞어둔다.

깨찰편

응용 떡 _찌는 떡, 잔치, 선물

생쌀 기준

주재료	중량(g)
찹쌀	4,000g (침지쌀 5,600g)
소금	50g
설탕	500g
물	250g

쌀가루 기준

주재료	중량(g)
가루찹쌀	4,000g
소금	75g
설탕	620g
물	2,400g

공통

부재료	중량(g)
편콩고물	2,000g
검은깨가루	200g
딸기가루	10g

1 불린 찹쌀에 소금을 넣고 1차 분쇄한 후 물을 넣고 2차 분쇄한다.
2 분쇄한 쌀가루에 설탕을 섞고 시루에 편콩고물1/2을 넣어 얇고 고르게 편다.
3 고물 위에 쌀가루, 검은깨가루 순으로 골고루 깔고 5분간 찐다.
4 3위에 쌀가루, 딸기가루 순으로 골고루 깔고 5분간 찐다.
5 4위에 쌀가루, 편콩고물 순으로 골고루 깔고 20분간 찐다.
6 시루판에 뒤집어 쏟아내고 적당한 크기로 잘라 식으면 포장지에 담는다.

1 물에 소금을 녹여 쌀가루에 고루 섞은 후 휴지시킨다.
2 휴지시킨 쌀가루에 설탕을 섞고 시루에 편콩고물1/2을 넣어 얇고 고르게 편다.
3 고물 위에 쌀가루, 검은깨가루 순으로 골고루 깔고 5분간 찐다.
4 3위에 쌀가루, 딸기가루 순으로 골고루 깔고 5분간 찐다.
5 4위에 쌀가루, 편콩고물 순으로 골고루 깔고 20분간 찐다.
6 시루판에 뒤집어 쏟아내고 적당한 크기로 잘라 식으면 포장지에 담는다.

＊참 고

1 대꼬치로 찔러 보아 흰 가루가 묻어나지 않으면 익은 것이다.
2 편콩고물은 대두식품 콩고물 2kg에 물 1kg, 소금 20g, 설탕 400g 을 섞어 체에 내려 만든다.
3 선물용으로 쓸 때는 각각 낱개 포장할 수 있다.
4 겉고물 종류에 따라 거피팥 깨찰편, 붉은팥 깨찰편, 녹두 깨찰편 등을 만들 수 있다.
5 검은깨가루 : 찹쌀가루를 1:10으로, 딸기가루 : 찹쌀가루를 1:10으로 섞은 다음 사이에 뿌릴 때 사용하면 떡 사이사이가 떨어지지 않는다.

컬러약식

응용 떡 _찌는 떡, 잔치

주재료	중량(g)
찹쌀	4,000g (침지쌀 5,600g)
소금	30g
흰설탕	500g
물	1,400g

부재료(천연색소)	중량(g)
호박고물	20g/1kg
딸기가루	10g/1kg
쑥가루	20g/1kg
백년초가루	20g/1kg

부재료	중량(g)
진간장	30g
참기름	150g
식용유	150g
완두배기	200g
밤	200g
대추	200g
건포도	200g
호박씨	200g

1 불린 찹쌀의 물기를 빼고 시루에 20분 정도 찐다.
2 찐 찹쌀에 물, 흰설탕을 넣고 골고루 섞은 다음 천연색소를 제외한 모든 부재료를 넣어 섞는다.
3 시루에 넣고 20분 정도 찐 다음 5등분하여 각각의 천연색소를 넣고 고루 섞는다.
4 베이킹 컵에 담아 식힌 다음 포장지에 담는다.

*참 고

1 찹쌀을 찐 다음 물을 넣고 잘 섞지 않으면 쌀이 뭉쳐져 색이 나오지 않는다.
2 부재료는 미리 준비 해둔다.
3 불린 쌀을 1차로 쪄서 냉동보관하면 작업을 빨리 할 수 있어 편리하다.
4 여러가지 색을 낼 때는 흑설탕 대신 흰설탕을 사용한다.

튀김떡 응용 떡 _간식용

주재료	중량(g)
각종 떡	적당량
식용유	적당량

1 굳어진 떡을 두께 1.5cm 정도로 칼로 자른 다음 튀김기로 1차(150℃), 2차(180℃)로 두 번 튀겨낸다.
2 기름을 뺀 다음 식혀 포장지에 담는다.

* 참 고
1 백설기, 무지개떡, 콩설기, 찰떡, 구름떡, 인절미 등이 굳으면 튀겨서 먹을 수 있다.
2 떡을 튀기면 더 고소하고 오래두고 먹을 수 있다.
3 뜨거운 기름에 의해 화상을 입을 수 있으니 주의한다.

꼬치떡 응용 떡 _간식용

주재료	중량(g)
각종 떡	적당량

1 여러 가지 떡을 나무 꼬치에 끼운 다음 끝부분을 리본을 묶어 장식한다.

*참 고
1 경단, 꿀떡, 송편, 영양가래떡 등을 이용할 수 있다.
2 손쉽게 먹을 수 있어 아이들이 좋아한다.
3 속고물이 나오지 않게 주의해서 꽂아야 한다.

동충하초설기

건강 떡 _찌는 떡, 건강식

생쌀 기준

주재료	중량(g)
멥쌀	4000g (침지쌀 5,000g)
소금	50g
설탕	500g
물	800g

쌀가루 기준

주재료	중량(g)
가루멥쌀	4,000g
소금	77g
설탕	550g
물	2,480g

공통

부재료(천연색소)	중량(g)
동충하초가루	300g
완두배기	200g
검정콩배기	200g
팥배기	200g

1 불린 멥쌀에 소금을 넣고 1차 분쇄한 후 동충하초가루와 물을 넣고 2차, 3차 분쇄한다.
2 분쇄한 쌀가루를 체에 내린 후 나머지 부재료와 설탕을 섞고 시루에 넣어 고르게 펴준다.
3 적당한 크기의 칼집을 낸 다음 20분간 찐다.
4 떡을 시루판에 뒤집어 쏟아내고 식으면 포장지에 담는다.

1 물에 소금을 녹여 쌀가루에 고루 섞은 후 휴지시킨다.
2 휴지시킨 쌀가루를 동충하초가루와 섞어 1, 2차 분쇄하여 체에 내린 후 나머지 부재료와 설탕을 섞고 시루에 넣어 고르게 펴준다.
3 적당한 크기의 칼집을 낸 다음 20분간 찐다.
4 떡을 시루판에 뒤집어 쏟아내고 식으면 포장지에 담는다.

*참 고

1 대꼬치로 찔러 보아 흰 가루가 묻어나지 않으면 익은 것이다.
2 동충하초는 가루 대신에 냉동시킨 동충하초를 넣으면 가격은 비싸지만 영양면으로는 더욱 우수하다.
3 건강식과 아침식사 대용으로 좋다.

양지컵떡

건강 떡 _찌는 떡, 잔치, 간식용

생쌀 기준

주재료	중량(g)
멥쌀	4,000g (침지쌀 5,000g)
소금	50g
설탕	500g
물	800g+α

쌀가루 기준

주재료	중량(g)
가루멥쌀	4,000g
소금	77g
설탕	550g
물	2,480g+α

공통

부재료(천연색소)	중량(g)	부재료	중량(g)
호박고물	20g/1kg	아몬드 슬라이스	약간
딸기가루	10g/1kg	완두배기	약간
쑥가루	20g/1kg	호박씨	약간
코코아가루	10g/1kg		

1 불린 멥쌀에 소금을 넣고 1차 분쇄한 후 5등분하여 각각 천연색소를 섞은 다음 물을 넣고 2차, 3차 분쇄한다.
2 분쇄한 쌀가루를 각각 체에 내린 후 설탕을 섞는다.
3 베이킹컵에 쌀가루를 숟가락으로 알맞게 넣은 다음 고명을 올려 보기 좋게 장식한다.
4 20분간 찐 다음 식혀서 포장지에 담는다.

1 쌀가루를 5등분하여 각각 천연색소를 섞은 다음 물에 소금을 녹인 것을 5등분하여 각각의 쌀가루에 고루 섞은 후 휴지시킨다.
2 휴지시킨 쌀가루를 각각 체에 내린 후 설탕을 섞는다.
3 베이킹컵에 쌀가루를 숟가락으로 알맞게 넣은 다음 고명을 올려 보기 좋게 장식한다.
4 20분간 찐 다음 식혀서 포장지에 담는다.

*참 고

1 대꼬치로 찔러 보아 흰 가루가 묻어나지 않으면 익은 것이다.
2 베이킹컵을 달리하여 여러 가지 모양의 떡을 만들 수 있다.
3 미리 5분정도 쪄서 냉동 보관하면 장기간 상품화가 가능하다.
4 호박고물, 쑥가루, 코코아가루 등 수분이 적은 것은 물을 추가로 넣는것이 좋다.

영양가래떡

건강 떡 _치는 떡, 잔치, 간식

생쌀 기준

주재료	중량(g)
멥쌀	4,000g (침지쌀 5,000g)
소금	60g
물	1,200g+α
참기름, 식용유	약간

쌀가루 기준

주재료	중량(g)
가루멥쌀	4,000g
소금	60g
물	2,600g+α
참기름, 식용유	약간

공통

부재료	중량(g)	부재료	중량(g)
호박고물	80g	아몬드가루	100g
고운앙금	3,000g	땅콩가루	100g
검은깨	약간	호박씨가루	100g
계피가루	약간	콩가루	100g

1 불린 멥쌀에 소금을 넣고 1차 분쇄한 후 호박고물을 섞은 다음 물을 넣고 2차, 3차 분쇄한다.
2 분쇄한 쌀가루를 시루에 넣어 고르게 펴서 20분간 찐다.
3 찐 떡을 펀칭기에 깨와 함께 넣고 5~10분 회전시킨다.
4 떡과 부재료를 성형기에 넣고 떡을 뽑은 다음 알맞게 자른다.
5 기름칠하여 포장지에 담는다.

1 쌀가루, 호박고물을 섞은 다음 물에 소금을 녹인 것을 고루 섞어 휴지시킨다.
2 휴지시킨 쌀가루를 분쇄한 후 시루에 넣어 고르게 펴서 20분간 찐다.
3 찐 떡을 펀칭기에 깨와 함께 넣고 3~5분 회전시킨다.
4 떡과 부재료를 성형기에 넣고 떡을 뽑은 다음 알맞게 자른다.
5 기름칠하여 포장지에 담는다.

＊참 고

1 대꼬치로 찔러 보아 흰 가루가 묻어나지 않으면 익은 것이다.
2 작업 전에 부재료를 미리 섞어 둔다.
3 호박고물, 딸기가루, 쑥가루, 코코아가루 등으로 다양한 색의 영양가래떡을 만들 수 있다.

흑미호박떡

건강 떡 _ 찌는 떡, 건강식

생쌀 기준

주재료	중량(g)
찹쌀	4,000g (침지쌀 5,600g)
불린 흑미	500g
소금	50g
설탕	500g
물	400g+α

쌀가루 기준

주재료	중량(g)
가루찹쌀	4,000g
불린 흑미	500g
소금	60g
설탕	550g
물	2,200g+α

공통

부재료	중량(g)
호박고물	125g
호박씨	약간
대추	약간

[생쌀 기준]
1 불린 찹쌀에 소금을 넣고 1차 분쇄한 후 호박고물을 섞은 다음 물을 넣고 2차 분쇄한다.
2 분쇄한 쌀가루에 불린 흑미와 설탕을 섞고 쌀가루를 주먹을 쥐어 시루에 넣는다.
3 30분간 찐 다음 시루판에 쏟아내어 알맞게 자른다.
4 대추와 호박씨로 장식하고 식혀서 포장지에 담는다.

[쌀가루 기준]
1 쌀가루에 호박고물을 섞은 다음 물에 소금을 녹여 고루 섞은 후 휴지시킨다.
2 휴지시킨 쌀가루에 불린 흑미와 설탕을 섞고 쌀가루를 주먹을 쥐어 시루에 넣는다.
3 30분간 찐 다음 시루판에 쏟아내어 알맞게 자른다.
4 대추와 호박씨로 장식하고 식혀서 포장지에 담는다.

* 참 고

1 대꼬치로 찔러 보아 흰 가루가 묻어나지 않으면 익은 것이다.
2 시루판에 미리 비닐을 깔고 기름칠을 해 놓는다.
3 흑미는 미리 불려둔다.
4 호박고물은 수분이 없기 때문에 일반떡보다 물을 더 많이 주어야 노화를 연장시킬 수 있다.
5 찹쌀은 찌면 쌀가루가 퍼지는 성질이 있기 때문에 반죽을 주먹으로 쥐어서 뭉친 다음 시루에 안치면 반죽 사이사이로 증기가 통하면서 더욱 잘 익는다.

부록 1

떡과 재료를 보관하는 방법

1. 떡 보관 방법

1) 멥떡과 찰떡

 ① 멥떡은 멥쌀로 만든 떡으로 쉽게 굳는다(약 8~12시간).

   종류 : 백설기, 쑥설기, 모듬설기, 바람떡, 꿀떡, 송편 등

 ② 찰떡은 찹쌀로 만든 떡으로 굳는 시간이 멥떡보다 길다(약 1일~2일).

   종류 : 인절미, 찹쌀떡, 경단, 찰편, 찰떡, 구름떡, 약식 등

2) 보관 방법

 ① 약 1일 내에 먹을 떡이라면 일반 상온(20℃) 이하에 보관해도 좋다. 여름철이거나 온도가 높은 방안에 보관할 경우 하루가 지나면 변질될 우려가 있으니 주의한다.

 ② 2일 후에 먹을 떡은 일단 냉동고(-18℃ 이하)에 넣었다가 먹을 때 전자레인지에 해동시킨다(약 30초~1분 정도).

 ※ 냉동고에 떡을 보관했을 때 주의할 점

 - 냉동고에 보관한 찰떡을 전자레인지에서 너무 오래 돌리면 그릇에 달라 붙는다.

 - 떡 박스를 그대로 넣지 말고 따로 따로 조금씩 밀봉하여 박스에 보관한다.

 - 각종 음식이 있는 냉동실에 떡을 오래 두면 음식 냄새를 흡수해 떡 맛이 변한다.

3) 떡을 오래 보존하는 방법

 떡이 식어서 굳기 전(40℃ 정도)에 한 번에 먹을 수 있는 분량씩 나누어 비닐봉지나 알루미늄 호일로 싼다. 플라스틱 통 속에 넣어 냉동실에 급속 냉동시켜 보관하면 된다.

4) 냉동한 떡을 맛있게 먹는 방법

 먹기 1~2시간 전에 냉동실에서 떡을 꺼내어 봉지나 호일에 싸인 그대로 실내에서 해동시킨 다음 적당한 크기로 썰어서 먹는다.

 ※ 냉동시킨 떡이 굳어지지 않는 원리

 떡이 굳는 현상은 주성분인 전분이 노화(물이 빠져나가는 현상)되기 때문에 일어나는 것이다. 전분의 노화는 0~4℃의 온도와 30~60%의 수분함량일 때 가장 빠르게 나타난다. 따라서 떡을 냉장고에 넣어 두면 노화가 빨라져서 그대로 먹을 수가 없고 재가열을 해야 한다. 그러나 떡이 굳기 전에 급속 냉동시키면 전분입자는 노화되지 않은 상태로 있기 때문에 해동과 동시에 원상태로 복원이 되는 것이다.

5) 냉동시킨 떡의 좋은 점

 ① 떡이 필요할 때는 언제든지 간편하게 먹을 수 있다.

 ② 오래 두어도 상하거나 맛이 변하지 않는다.

 ③ 꺼내서 먹을 때 다시 찌거나 익히는 번거로움이 없다.

④ 시원하면서도 말랑말랑한 떡은 새로운 맛을 내는 여름철 별미이다.

2. 재료 보관 방법

1) 볶은 깨

볶아둔 깨를 사용 전에 한 번 더 볶으면 맛과 향이 좋아지기 때문에 한 번 볶아서 보관해 둔 깨도 사용하기 전에 한 번 더 볶는 것이 좋다. 볶은 깨는 밀봉하여 서늘한 곳에 보관한다.

2) 참기름

금방 짠 참기름의 고소한 맛은 식욕을 더욱 돋워주지만 오래 보관하면 처음의 맛을 잃게 된다. 참기름을 병에 넣어 소금 가마니 또는 소금 독에 묻어두면 여름철에도 맛이 변하지 않아 방금 짠 참기름처럼 고소한 맛을 낼 수 있다.

3) 쌀

쌀은 종이봉투에 담아야 곰팡이가 피지 않고 변색되지 않는다.

4) 남은 재료의 보관 방법

남은 재료들은 되도록이면 진공 포장하여 두는것이 좋다.

※ 진공포장의 효과

① 호기성 변패 미생물의 생장을 저지시킨다.

 (일반 냉동은 미생물, 세균 번식이 느려지긴 하지만 없어지지 않는다.)

② 마이오글로빈의 화학적 변성을 막는다.

③ 수분손실을 막는다.

부록 2

부재료 중량별 환산표

생콩_천일염 95%이상 기준				생콩_정제염 98%이상 기준			
콩(kg)	소금(g)	설탕(g)	생강(g)	콩(kg)	소금(g)	설탕(g)	생강(g)
1	20	50	5	1	15	50	5
2	40	100	10	2	30	100	10
3	60	150	15	3	45	150	15
4	80	200	20	4	60	200	20
5	100	250	25	5	75	250	25
6	120	300	30	6	90	300	30
7	140	350	35	7	105	350	35
8	160	400	40	8	120	400	40
9	180	450	45	9	135	450	45
10	200	500	50	10	150	500	50
11	220	550	55	11	165	550	55
12	240	600	60	12	180	600	60
13	260	650	65	13	195	650	65
14	280	700	70	14	210	700	70
15	300	750	75	15	225	750	75
16	320	800	80	16	240	800	80
17	340	850	85	17	255	850	85
18	360	900	90	18	270	900	90
19	380	950	95	19	285	950	95
20	400	1000	100	20	300	1000	100

1. 생콩을 기준으로 하였음
2. 입맛에 따라 소금, 설탕 중량이 변할 수 있음
3. 생강은 선택 재료임

팥, 동부, 녹두_천일염 95%이상 기준			팥, 동부, 녹두_천일염 98%이상 기준		
팥, 동부, 녹두(kg)	소금(g)	설탕(g)	팥, 동부, 녹두(kg)	소금(g)	설탕(g)
1	15	30	1	10	30
2	30	60	2	20	60
3	45	90	3	30	90
4	60	120	4	40	120
5	75	150	5	50	150
6	90	180	6	60	180
7	105	210	7	70	210
8	120	240	8	80	240
9	135	270	9	90	270
10	150	300	10	100	300
11	165	330	11	110	330
12	180	360	12	120	360
13	195	390	13	130	390
14	210	420	14	140	420
15	225	450	15	150	450
16	240	480	16	160	480
17	255	510	17	170	510
18	270	540	18	180	540
19	285	570	19	190	570
20	300	600	20	200	600

1. 생팥, 동부, 녹두를 기준으로 하였음
2. 입맛에 따라 소금, 설탕 중량이 변할 수 있음

부록 3

떡 재료 및 떡 영양표

(kg기준)

식품번호	식품명	열량(kcal)	단백질(g)	칼슘(mg)	철(mg)	비타민A(RE)	비타민B1(mg)	비타민B2(mg)	나이아신(mg)	비타민C(mg)
1	기장	352	11.50	11.00	2.50	0.00	0.14	0.05	3.20	0.00
2	조	367	11.10	14.00	2.20	0.00	0.29	0.06	2.00	0.00
3	보리	344	9.40	30.00	1.90	0.00	0.20	0.06	3.70	0.00
4	흑미	352	9.00	7.00	1.10	0.00	0.30	0.07	5.20	0.00
5	쌀	348	6.50	5.00	0.50	0.00	0.13	0.02	1.30	0.00
6	현미	357	7.30	11.00	1.00	0.00	0.28	0.04	5.00	0.00
7	찰옥수수	186	4.90	8.00	1.00	7.00	0.16	0.10	1.80	5.00
8	율무	365	14.10	14.00	4.30	0.00	0.20	0.04	2.20	0.00
9	수수	354	10.50	11.00	2.80	0.00	0.11	0.03	2.80	0.00
10	차조	363	9.30	17.00	3.00	0.00	0.24	0.11	4.03	0.00
11	찹쌀	357	7.00	11.00	0.30	0.00	0.06	0.02	2.20	0.00
12	찹쌀현미	360	7.30	15.00	1.03	0.00	0.33	0.05	6.00	0.00
13	강낭콩	156	10.00	62.00	3.70	0.00	0.48	0.11	1.60	4.00
14	서리밤콩	378	34.30	224.00	7.80	0.00	0.34	0.22	1.90	0.00
15	검정콩	382	35.20	220.00	7.70	0.00	0.36	0.25	2.30	0.00
16	노란콩	391	34.40	246.00	6.40	0.00	0.45	0.24	2.20	0.00
17	녹두	321	22.00	107.00	5.40	0.00	0.20	0.10	1.90	0.00
18	동부콩	333	22.20	121.00	4.80	0.00	0.68	0.15	2.70	0.00
19	밤콩	373	35.00	239.00	8.10	0.00	0.49	0.17	2.00	0.00
20	완두콩	74	7.00	33.00	2.20	57.00	0.54	0.12	2.20	22.00
21	팥	312	21.10	128.00	5.30	0.00	0.40	0.14	2.30	0.00
22	회색팥	322	21.90	116.00	5.10	0.00	0.44	0.10	2.70	0.00
23	흑임자	559	18.40	1237.00	11.40	0.00	0.53	0.16	5.10	0.00
24	들깨	523	18.20	351.00	13.70	0.00	0.52	0.23	7.80	0.00
25	참깨	552	18.80	1245.00	10.50	0.00	0.55	0.20	5.60	0.00
26	땅콩	534	24.80	52.00	1.60	0.00	0.51	0.10	21.00	0.00
27	땅콩볶은것	569	25.90	56.00	1.60	0.00	0.35	0.10	19.10	0.00
28	땅콩버터	628	20.80	48.00	1.50	0.00	0.13	0.07	16.90	0.00
29	도토리가루	351	1.10	60.00	3.30	0.00	0.02	0.03	0.20	0.00
30	밤	162	3.20	28.00	1.60	8.00	0.25	0.08	1.00	12.00
31	밤 구운것	131	3.10	16.00	1.60	8.00	0.22	0.07	1.10	10.00
32	아몬드	596	19.90	243.00	4.80	0.00	0.21	0.73	3.20	4.00
33	은행	184	5.40	5.00	1.10	15.00	0.40	0.04	1.60	14.00
34	잣	665	14.70	18.00	5.80	0.00	0.56	0.18	3.60	0.00
35	해바라기씨	588	19.50	85.00	4.90	3.00	1.81	0.19	8.20	0.00
36	호두	652	15.40	92.00	2.20	4.00	0.24	0.09	1.10	0.00
37	호박씨	552	29.30	54.00	9.60	5.00	0.32	0.13	4.90	0.00
38	마른대추	289	5.00	18.00	1.80	1.00	0.13	0.06	1.10	8.00
39	생대추	104	3.20	25.00	1.00	2.00	0.05	0.14	0.80	55.00
40	무화과	257	3.20	171.00	2.00	4.00	0.12	0.05	1.00	2.00
41	배	39	0.30	2.00	0.20	0.00	0.02	0.01	1.10	4.00
42	복숭아	34	0.90	3.00	0.50	2.00	0.02	0.01	0.40	7.00
43	사과	57	0.30	3.00	0.30	3.00	0.01	0.01	0.10	4.00
44	아오리사과	44	0.50	4.00	0.80	0.00	0.02	0.01	0.10	5.00
45	홍옥	46	0.20	4.00	0.40	0.00	0.03	0.01	0.10	5.00
46	사과잼	256	0.20	4.00	1.40	0.00	0.01	0.01	0.00	0.00

식품번호	식품명	열량(kcal)	단백질(g)	칼슘(mg)	철(mg)	비타민A(RE)	비타민B1(mg)	비타민B2(mg)	나이아신(mg)	비타민C(mg)
47	수박	31	0.70	4.00	0.20	26.00	0.05	0.01	0.20	6.00
48	오렌지	40	0.80	39.00	0.10	13.00	0.09	0.02	0.40	46.00
49	오렌지잼	238	0.40	15.00	0.30	1.00	0.01	0.00	0.10	5.00
50	오렌지주스	38	0.70	9.00	0.10	10.00	0.08	0.02	0.50	43.00
51	유자	48	0.90	49.00	0.40	0.00	0.10	0.04	0.20	105.00
52	참외	31	1.00	6.00	0.30	0.00	0.03	0.01	1.00	22.00
53	키위	54	0.90	30.00	0.30	8.00	0.00	0.02	0.30	27.00
54	건포도	274	3.00	58.00	2.10	0.00	0.14	0.03	0.60	0.00
55	빵가루	355	14.20	29.00	0.90	0.00	0.13	0.03	1.30	0.00
56	감자	55	2.50	6.00	0.80	0.00	0.08	0.03	1.30	21.00
57	고구마	128	1.40	24.00	0.50	19.00	0.06	0.05	0.70	25.00
58	아카시아꿀	312	0.00	2.00	0.30	0.00	0.01	0.01	0.10	2.00
59	잡화꿀	312	0.00	3.00	0.80	0.00	0.01	0.01	0.10	1.00
60	물엿	293	0.10	1.00	0.20	0.00	0.00	0.00	0.00	0.00
61	설탕	387	0.00	3.00	0.30	0.00	0.00	0.00	0.00	0.00
62	황설탕	385	0.10	18.00	0.50	0.00	0.00	0.00	0.10	0.00
63	흑설탕	376	0.20	32.00	0.70	0.00	0.02	0.01	0.00	0.00
64	들기름	884	0.00	0.00	0.00	0.00	0.00	0.00	0.00	0.00
65	쇼트닝	902	0.00	0.00	0.00	0.00	0.00	0.00	0.00	0.00
66	옥수수기름	884	0.00	0.00	0.00	0.00	0.00	0.00	0.00	0.00
67	참기름	884	0.00	0.00	0.00	0.00	0.00	0.00	0.00	0.00
68	채종유	884	0.00	0.00	0.00	0.00	0.00	0.00	0.00	0.00
69	식용유	884	0.00	0.00	0.00	0.00	0.00	0.00	0.00	0.00
70	소금	0	0.00	17.00	0.50	0.00	0.00	0.00	0.00	0.00
71	굵은 소금	0	0.00	153.00	2.40	0.00	0.00	0.00	0.00	0.00
72	찹쌀가루	378	6.6	12.00	0.80	0.00	0.00	0.00	2.40	0.00
73	멥쌀가루	371	6.8	5.00	0.50	0.00	0.00	0.00	1.30	0.00
74	콩가루	424	23.3	188.00	6.00	0.00	0.00	0.00	1.40	0.00
75	떡볶이떡	239	4.10	4.00	0.50	0.00	0.02	0.01	1.80	0.00
76	가래떡	239	4.10	4.00	0.50	0.00	0.02	0.01	1.80	0.00
77	개피떡	210	4.30	17.00	1.20	0.00	0.05	0.04	0.50	0.00
78	쑥개피떡	208	4.50	24.00	1.80	2.00	0.05	0.04	0.50	0.00
79	백설기	234	3.50	6.00	0.50	0.00	0.01	0.01	0.70	0.00
80	송편	212	3.50	19.00	1.10	0.00	0.04	0.01	0.40	0.00
81	시루떡	205	5.70	19.00	3.30	0.00	0.03	0.02	0.70	0.00
82	약식	259	3.50	13.00	0.50	0.00	0.06	0.01	0.50	0.00
83	인절미(콩고물)	217	4.90	19.00	1.40	0.00	0.07	0.03	0.70	0.00
84	인절미(팥고물)	208	4.20	16.00	1.90	0.00	0.06	0.02	0.70	0.00
85	절편	220	4.40	15.00	0.50	0.00	0.03	0.01	0.80	0.00
86	증편	177	3.90	6.00	0.50	0.00	0.06	0.03	0.60	0.00
87	찹쌀떡	236	4.80	15.00	0.80	0.00	0.04	0.01	0.60	0.00
88	경단	240	4.10	14.00	0.80	2.00	0.03	0.03	0.60	0.00
89	찹쌀전병	446	7.80	12.00	0.60	0.00	0.08	0.05	0.70	0.00
90	꿀떡	215	6	31.00	0.90					

부록 4

실험 이력카드

일시 :

분류번호				
작성자		떡 종류		계절(실온)
		떡 이름		용도
실험장소		사용기계		
		사용기구		

주재료									

부재료									

겉고물									

속고물									

색내기									

〈만드는 법〉

떡의 크기		떡의 중량		찌는 시간			

www.haessalmaroo.co.kr

| 폼베이의 제빵과정 |

모두 몇 명일까요?

위의 그림은 약 2천년전 밀을 갈고 빵을 굽던 모습입니다.
19세기까지는 거의 모든 빵집이 방앗간을 함께하는 형태였습니다.
밀을 제분하기 위해 많은 인력이 필요했던 것을 알 수 있습니다.

아직도 2천년전의 방식으로 떡을 생산하시겠습니까?

햇쌀마루 쌀가루를 이용하면 세척, 침지, 분쇄 등의 **노동강도가 높은 작업이 생략**되고
작업장 공간과 떡 제조시간이 단축되어 **제조원가가 절감**됩니다.
쌀을 빻는데 시간과 노력을 기울이기 보다는 맛있고 예쁜 떡을 만드는 것이
지금 우리가 나아가야 할 길입니다.

서울시 서초구 서초동 1363-15 세용빌딩 3층 / Tel. 02)597-8071~3 / Fax. 02)597-8074 / 고객상담전화 : 080-597-8072

부록 5

용도별 떡 재료길잡이

* 떡집용 쌀가루(멥쌀류)

가루멥쌀/파인멥쌀

가루멥쌀
- 종류: 칠복[1kg(15개입), 3kg(6개입), 15kg 지대], 국산[15kg 지대], 수입[3kg(6개입), 15kg 지대]
- 유통기한: 1년
- 적용제품: 설기, 송편, 시루떡, 절편, 꿀떡, 바람떡, 증편
- 특징: 고운 멥쌀가루로 부드러운 식감을 주며, 떡의 볼륨감이 좋은 제품

파인멥쌀
- 종류: 칠복[3kg(6개입), 15kg 지대], 수입[3kg(6개입), 15kg 지대]
- 유통기한: 1년
- 적용제품: 떡 샌드위치, 떡 케이크, 설기, 시루떡
- 특징: 파인멥쌀로 만든 떡 샌드위치, 떡 케이크, 설기 등의 노화가 연장(38시간) 되고 식감이 우수한 제품

*응용제품 사례

방울증편
가루멥쌀 800g, 설탕 240g, 소금 16g, 물 800g, 생막걸리 160g

콩설기
파인멥쌀 500g, 설탕 80g, 소금 8g, 물 375g, 서리태 적당량

용도별 멥쌀류

떡케익 쌀가루
- 종류: 칠복[1kg(15개입), 3kg(6개입)], 수입[3kg(6개입)]
- 유통기한: 1년
- 적용제품: 떡케익
- 특징: 체 내림성이 좋고 작업성이 용이하며 부드럽고 폭신한 느낌의 떡케익 전용 제품

송편용 파인멥쌀
- 종류: 칠복[1kg(15개입), 3kg(6개입), 15kg 지대], 수입[3kg(6개입), 15kg 지대]
- 유통기한: 1년
- 적용제품: 송편
- 특징: 찬물반죽과 익반죽 송편이 가능하며 냉동 저장성이 좋은 제품

*응용제품 사례

호박 떡 케이크
떡재료
떡케익쌀가루 250g, 호박고물 12g, 소금 4g, 설탕 40g, 물 185g
부재료
호박고지 25g, 완두배기48 15g

송편
파인멥쌀 500g, 설탕 80g, 소금 8g, 물 375g, 서리태 적당량

꿀떡용 파인멥쌀
- 종류: 칠복[15kg 지대], 수입[15kg 지대]
- 유통기한: 1년
- 적용제품: 꿀떡
- 특징: 꿀떡 전용 쌀가루로 노화가 연장되고 식감이 우수

약과용 쌀가루
- 종류: 국산[3kg(6개입)]
- 유통기한: 1년
- 적용제품: 쌀약과
- 특징: 약과 제조시 층이 잘 이루어져 집청이 잘 되는 쌀약과 전용제품

* 떡집용 쌀가루(찹쌀류, 기타)

가루찹쌀/ 파인찹쌀

가루찹쌀
- 종류: 칠복[1kg(15개입)], 15kg 지대]
- 유통기한: 1년
- 적용제품: 찰떡, 인절미, 경단
- 특징: 찰떡, 인절미의 노화 연장과 냉해동성이 우수

파인찹쌀
- 종류: 칠복 [1kg,(15개입), 3kg(6개입), 15kg 지대]
- 유통기한: 1년
- 적용제품: 찰떡, 인절미
- 특징: 찰떡, 인절미의 노화와 냉해동성이 우수

＊응용제품 사례

영양찰떡

떡재료
파인찹쌀 200g, 설탕 30g, 소금 3g, 물 134g

부재료
밤 10g, 아몬드 10g, 호두 20g, 잣 10g

기타 쌀가루

새알심쌀가루
- 종류: 국산[1kg(15개입), 3kg(6개입), 15kg 지대]
- 유통기한: 1년
- 적용제품: 새알심
- 특징: 쫄깃한 식감이 있으며 조리시 퍼짐성이 좋음

흑미쌀가루
- 종류: 칠복[0.5kg(30개), 3kg(6개입)]
- 유통기한: 1년
- 적용제품: 찰떡, 인절미, 제과, 떡 케이크
- 특징: 진흑미로 제조하여 쌀가루 등과 혼합 사용이 가능하도록 소포장한 제품

＊응용제품 사례

새알심

새알심쌀가루(K) 100g, 소금 1.3g, 물 70g 정도

*대두식품 햇쌀마루 문의전화: 02-597-8071

* 고물류

대두식품 고물류

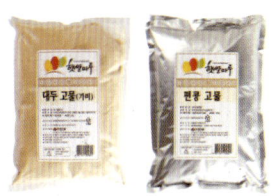

제품명	포장단위	유통기한	제품소개
대두고물(가미)	2kg/6개입	6개월	인절미용 고물로서 최신식 볶음기를 이용, 적당하게 볶아진 콩에 향신료(마늘, 생강), 당, 소금 등이 이상적으로 배합된 제품
편콩고물	2kg/6개입	6개월	찐콩에 적당한 가미를 하고 입자(편) 형태로 분쇄하여 겉고물, 소로 이용

팥 고물류

제품명	포장단위	유통기한	제품소개
팥앙금고물	2kg/6개입	1년	순수 팥앙금을 건조시킨 제품으로 소비자가 기호에 맞게 첨가물, 당 등을 첨가하여 기타제품에 응용이 가능한 제품
찐통팥고물	1kg/10개입	6개월	찐통팥에 소금을 가미하고 멸균 포장한 제품으로 팥을 사용하는 각종 떡에 간편하게 적용이 가능하며 장기간 유통할 수 있다.
경단팥앙금고물	2kg/6개입	1년	순수 팥앙금을 건조한 후 각종 떡 등에 적합하도록 당, 소금, 천연색소 등을 가미한 제품으로 팥의 맛과 향, 색상 등이 우수하다.

카스테라 고물류

제품명	포장단위	유통기한	제품소개
카스테라 고물 (초코)	2kg/6개입	냉동 1년	오븐에 구운 카스텔라를 분쇄하여 만든 제품으로 맛이 고소하고 부드러우며 떡에 적용시 볼륨감이 좋다. 경단, 모찌, 궁중인절미, 카스텔라떡, 앙금말이 등의 떡에 사용된다.
카스테라 고물 (노랑)	2kg/6개입	냉동 1년	
카스테라 고물 (쑥)	2kg/6개입	냉동 1년	

두류·호박 고물류

제품명	포장단위	유통기한	제품소개
동부고물	2kg/6개입	1년	거피한 동부를 사용하여 떡집에서 만드는 방법 그대로 제조하여 건조, 분말화한 제품으로 장기보관이 가능하고 간편하게 사용할 수 있는 제품
호박고물	2kg/6개입	1년	뉴질랜드산, 중국산 호박을 드럼 건조한 제품으로 색상, 맛, 향 등이 우수함
녹두고물	2kg/6개입	1년	동결건조한 제품이므로 뜨거운 물을 넣어 바로 사용 가능
두텁고물	2kg/6개입	1년	동부고물에 당, 향신료 등을 가미한 제품으로 독특한 맛과 편리성을 부여한 제품

1차농산가공품

제품명	포장단위	유통기한	제품소개
호박고지	5kg/2개입	1년	엄선된 호박으로만 절단, 가공하여 자연 건조한 제품으로 색상과 맛이 우수한 제품
냉동쑥	1kg/10개입	냉동 2년	이른 봄 어린 쑥만을 채취, 엄선하여 가공한 제품으로 쑥대 혼입이 거의 없으며, 분쇄도가 우수한 제품
쑥가루	2kg/6개입	1년	
냉동자색고구마	300g/20개입 2kg/6개입	1년	고구마를 증숙 후 페이스트 상태로 냉동한 제품으로 다양한 떡 등에 고구마 맛과 색을 내는데 사용
냉동증숙고구마	300g/20개입 10kg/2개입	2년	

* 우리떡 앙금

떡용 앙금

 **송편앙금 60H/62Y**
포장단위: 5kg
유통기한: 실온 3개월

 **피넛앙금 60Y**
포장단위:5kg
유통기한: 실온 3개월

 **계피앙금 57H**
포장단위: 5kg
유통기한: 실온 3개월

 **메론앙금 57H**
포장단위: 5kg
유통기한: 실온 3개월

 **황등앙금 57Y**
포장단위:5kg
유통기한: 실온 3개월

 **춘설앙금 57Y**
포장단위: 5kg
유통기한: 실온 3개월

- 제품특징 : 계피, 고구마, 멜론, 땅콩 등의 재료를 이용하여 제품을 만들어 맛과 향이 좋으며, 기계 및 수작업 시에도 적합함
- 제품활용 : 송편, 경단, 개피떡, 말이떡, 꿀떡 등

앙금으로 만드는 맛있는 우리떡 소

- 특징 : 백옥57H 앙금 제품에 다양한 분말과 농산물을 첨가하여 만드는 떡소
- 종류 : 두텁소/ 헤즐넛소/ 흑임자헤즐넛소/ 동부소/ 아몬드소/ 흑임자아몬드소/ 영양소/ 통팥소/ 계피소/ 흑임자소 / 호박소/ 클로렐라소/ 딸기소
- 용도 : 송편, 개피떡, 꿀떡, 경단, 찹쌀떡, 떡 샌드위치 등의 샌딩용 제품, 굽는 만주 등

앙금으로 만드는 소 제조법

구분	원재료명	중량(g)	배합비(%)
흑임자 헤즐넛소	백옥앙금57H	5000	85.84
	헤즐넛분말	250	4.29
	흑임자분말	500	8.58
	볶음통참깨	75	1.29
	합계	5825	100.00
헤즐넛소	백옥앙금57H	5000	75.99
	헤즐넛분말	1500	22.80
	볶음통참깨	80	1.22
	합계	6580	100.00
딸기소	백옥앙금57H	5000	98.04
	딸기분말	100	1.96
	합계	5100	100.00
아몬드소	백옥앙금57H	5000	73.21
	볶음아몬드분말	1250	18.30
	볶음아몬드분태	480	7.03
	초코칩	100	1.46
	합계	6830	100.00
흑임자 아몬드소	백옥앙금57H	5000	87.72
	아몬드분말	100	1.75
	흑임자분말	500	8.77
	볶음통참깨	100	1.75
	합계	5700	100.00
두텁소	백옥앙금57H	5000	87.03
	대추채	250	4.35
	호도분태	200	3.48
	팥앙금고물	20	0.35
	잣	100	1.74
	밤다이스	150	2.61
	유자청	25	0.44
	합계	5745	100.00

구분	원재료명	중량(g)	배합비(%)
영양소	백옥앙금57H	5000	80.26
	볶음대두고물	100	1.61
	땅콩분말	200	3.21
	아몬드분말	200	3.21
	호박씨가루	600	9.63
	계피분말	30	0.48
	유자슬라이스	100	1.61
	합계	6230	100.00
동부소	백옥앙금57H	5000	29.10
	찐동부	10000	58.21
	소금	80	0.47
	설탕	2000	11.64
	호도분태	100	0.58
	합계	17180	100.00
통팥소	백옥앙금57H	5000	83.33
	통팥앙금	1000	16.67
	합계	6000	100.00
계피소	백옥앙금57H	5000	99.80
	계피분말	10	0.20
	합계	5010	100.00
흑임자소	백옥앙금57H	5000	95.24
	흑임자분말	250	4.76
	합계	5250	100.00
호박소	백옥앙금57H	5000	97.09
	호박분말	150	2.91
	합계	5150	100.00
클로렐라소	백옥앙금57H	5000	99.70
	클로렐라분말	15	0.30
	합계	5015	100.00

출처:대두식품 햇쌀마루

대두식품 E-book OPEN!

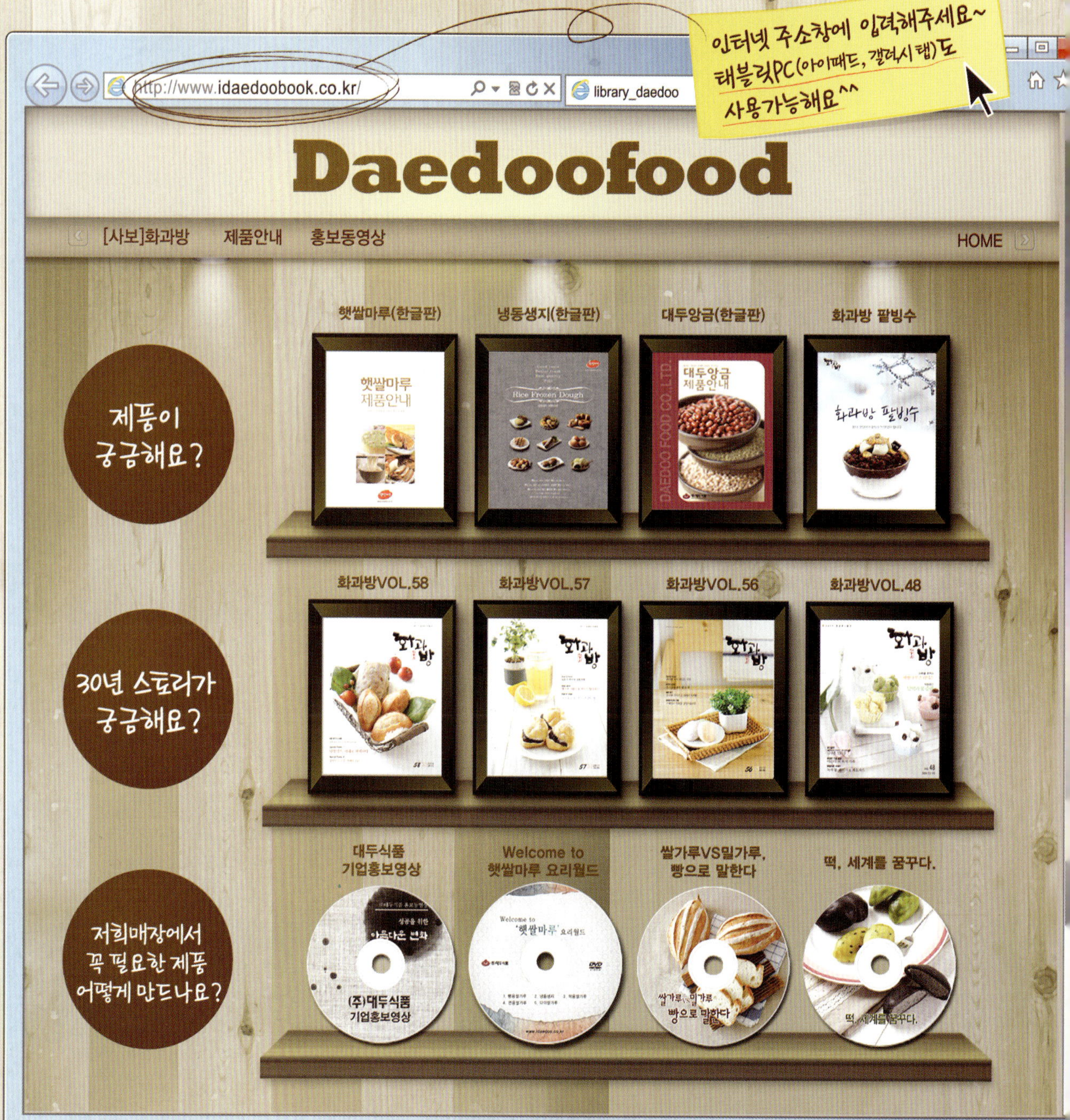

인터넷 주소창에 입력해주세요~
태블릿PC(아이패드, 갤럭시탭)도 사용가능해요^^

http://www.idaedoobook.co.kr/

Daedoofood

[사보]화과방 제품안내 홍보동영상 HOME

제품이 궁금해요?

- 햇쌀마루(한글판)
- 냉동생지(한글판)
- 대두앙금(한글판)
- 화과방 팥빙수

30년 스토리가 궁금해요?

- 화과방 VOL.58
- 화과방 VOL.57
- 화과방 VOL.56
- 화과방 VOL.48

저희매장에서 꼭 필요한 제품 어떻게 만드나요?

- 대두식품 기업홍보영상
- Welcome to 햇쌀마루 요리월드
- 쌀가루VS밀가루, 빵으로 말한다
- 떡, 세계를 꿈꾸다.

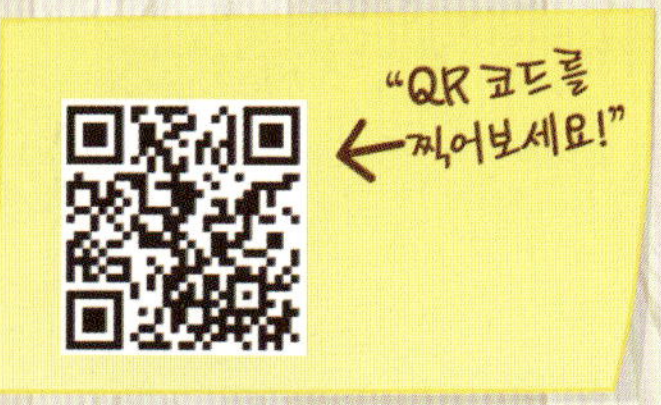

"QR 코드를 찍어보세요!"

(주)대두식품
www.idaedoo.co.kr

본사 | 공장 : 전북 군산시 서수면 상장곤 윗길 23번지
Tel : 063)450-3540   Fax:063)450-3519

영업본부 : 서울시 서초구 강남대로 37길 51 요한빌딩
Tel : 02)579-8071~3   Fax:02)597-8074

수신자 부담전화 : 1644-7787